AI와 난임 극복

AI문고

인공지능 시대입니다. 기계가 인간의 인지를 대신하고, 사물이 인간을 통하지 않고 다른 사물과 직접 커뮤니케이션합니다. 이에 따른 인간 삶과 문명 변화를 정확히 이해·예측·대응하는 것은 이 시대 우리 모두의 과제입니다. AI문고는 인공지능 기술과 환경의 여러 주제를 10가지 키워드로 정리합니다. 관련 개념과 이론, 학계와 산업계의 쟁점, 우리 일상의 변화를 다룹니다. 인간과 기술의 현재, 미래를 세심히 분석합니다.

일러두기

- 인명, 작품명, 저서명, 개념어 등은 한글과 함께 괄호 안에 해당 국가의 원어를 병기했습니다.
- 외래어 표기는 현행 어문규정의 외래어표기법을 따랐습니다.

처음이세요?

전문가세요?

AI와 난임 극복

이준영

대한민국, 서울, 커뮤니케이션북스, 2026

AI와 난임 극복

지은이 이준영
펴낸이 박영률

초판 1쇄 펴낸날 2026년 1월 27일

커뮤니케이션북스(주)
출판 등록 2007년 8월 17일 제313-2007-000166호
02880 서울시 성북구 성북로 5-11
전화(02) 7474 001, 팩스(02) 736 5047
commbooks@commbooks.com
www.commbooks.com

ISBN 979-11-430-1759-8 03500

책값은 뒤표지에 표시되어 있습니다.

차례

AI가 바꾸는 난임 치료

세계 최저 출산율, 직면한 위기

우리나라의 저출산 문제가 매우 심각한 수준을 넘어섰다. 2024년 합계출산율은 0.75명으로 세계 최저 수준을 기록했는데, 이는 한 여성이 평생 낳을 것으로 예상되는 자녀가 1명도 채 되지 않는다는 뜻이다. 인구 유지에 필요한 출산율 2.1명과 비교하면 3분의 1 수준에 불과한 충격적인 수치다(통계청, 2025; UN, 2024).

이러한 위기적 상황에 국제 사회도 깊은 우려를 표명하고 있다. 2023년 뉴욕타임스는 "한국이 사라지고 있는가?"라는 충격적인 제목의 기사로 한국의 저출산 문제를 집중 조명했으며(The New York Times, 2023), 노벨경제학상 수상자는 한국 경제의 가장 큰 위험 요인이 성장 둔화나 외부 충격이 아닌 저출산이라고 지적했다(동아일보, 2025). 세계 최고 수준의 기술력을 갖춘 한국이지만, 출산율 저하로 성장이 멈출 수 있다는 그의 경고는 우리에게 시사하는 바가 크다.

OECD의 전망은 이보다 더욱 암울하다. 현재 추세가

계속되면 60년 후 한국 인구는 절반으로 줄어들고, 2082년에는 전체 인구의 58%가 65세 이상 노인이 될 것으로 예측하였다(연합뉴스, 2025). 물론 저출산과 고령화는 우리나라만의 문제는 아니지만, 우리처럼 빠르고 심각한 나라는 찾기 어렵다는 점이 문제의 심각성을 더한다.

난임, 침묵 속의 고통

우리나라의 2024년 출생아 수는 약 23만 8300명으로 전년보다 3.6% 늘었지만(대한민국 정책브리핑, 2025), 여전히 부족한 수준이다. 그런데 놀라운 점은 출생아 중 11%가 난임 시술을 통해 태어났다는 사실이다(저출산고령사회위원회, 2025). 특히 서울에서는 그 비율이 약 16%에 달해, 아이 5명 중 1명은 난임 시술로 태어난 셈이다(중앙일보, 2024).

난임으로 힘들어하는 부부는 지속적으로 늘고 있다. 정상적인 부부생활을 1년 이상 하고 있는 데도 임신이 되지 않는 난임은, 세계보건기구(WHO) 통계에 따르면 전 세계 부부의 약 17.5%가 경험하는 보편적 문제다(WHO, 2023). 우리나라에서는 부부 7쌍 중 1쌍이 난임을 겪고 있으며, 결혼 연령이 높아지면서 35세 이후에 결혼한 여성 3명 중 1명은 아이를 갖는 데 어려움을 겪고 있다(ZDNet Korea, 2025).

하지만 난임은 단순한 의학적 문제를 넘어선다. 아이를 갖기 원하는 부부의 소중한 꿈이 무너지면서 서로의 관계에도 균열이 생기기 쉽다. 치료비 부담으로 인한 경제적 어려움도 크지만, 그보다 더한 것은 정신적 고통이다. "아이는 언제쯤 가질 계획이야?"라는 무심한 안부 인사조차 큰 상처가 되는 것이 난임 부부들의 현실이다.

현실적 도전: 왜 난임 치료는 어려운가?

난임 진단을 받으면 많은 부부들이 체외 수정(IVF)을 선택한다. 시험관 시술이라고도 하는 체외 수정은 난자와 정자를 추출해 체외(시험관)에서 수정시킨 배아를 여성의 임신 주기에 맞춰 자궁에 이식하는 시술을 말한다. 하지만 이 과정은 생각보다 험난하다. 체외 수정의 평균 임신 성공률은 36.9%에 머물러, 10쌍이 시도하면 6~7쌍은 첫 번째에서 실패한다는 뜻이다. 두 번, 세 번, 때로는 다섯 번 이상 반복해야 성공하는 부부도 있고, 결국 반복되는 난임 치료의 어려움에 지쳐 포기하는 경우도 적지 않다.

체외 수정에서 가장 중요한 단계는 건강한 배아를 선택하는 과정이다. 이 과정에서 배아 연구원들은 현미경으로 배아를 관찰하며 가장 건강해 보이는 배아를 골라낸다. 배아 연구원은 배아 생성 관련 임상 업무와 기초과학 연구를 수행하는 전문가지만, 이들의 판단은 경험과 주관적 평가에 크게 의존할 수밖에 없다. 아무리 숙련된 전문가라도 인간이기에 피로가 쌓이면 판단력이 흐려지고, 컨디션에 따라 평가가 달라질 수 있다. 실제로 같은 배아를 아침과 저녁에 다르게 평가하는 경우도 있다.

또한 전문가마다 배아를 평가하는 기준이 다르다는 점도 문제다. 어떤 전문가는 세포가 분열하는 속도를 가장 중요하게 평가하는 반면, 다른 전문가는 배아의 형태와 균형을 우선시한다. 실제로 동일한 배아 사진을 여러 전문가에게 보여 주면 평가 점수가 최대 두 단계까지 등급 차이가 나기도 한다(Bendus et al., 2006). 어떤 배아를 한 전문가는 1등급(매우 좋은 배아)이라고 평가했는데, 다른 전문가는 3등급(보통 수준)이라고 평가할 수 있다는 것이다. 더욱이 아무리 자세히 들여다봐도 눈으로는 확인할 수 없는 유전적 이상이나 생화학적 문제 같은 것들은 현미경만으로는 알 수 없다.

이러한 기술적 한계와 함께 경제적 부담도 무시할 수 없다. 2022년 기준으로 여성의 난임 시술 한 회당 평균 비용은 321만 원에 달하는데(건강보험심사평가원, 2023),

여기에 호르몬 주사나 각종 검사비, 약값까지 더하면 비용은 훨씬 더 늘어날 수 있다. 한 번에 성공하면 다행이지만, 여러 번 시도하게 되면 총비용이 수천만 원에 이를 수도 있다. 이러한 경제적 부담으로 치료를 포기하는 사례가 늘어나자, 정부도 지원을 점차 확대하고 있다.

시간적 부담 역시 만만치 않다. 시술 한 번에 보통 2~3개월이 걸리는데, 이 기간 동안 호르몬으로 난소를 자극하고, 난자를 채취한 뒤, 수정과 배양 과정을 거쳐 배아를 이식하고 결과를 기다려야 한다. 매일 맞아야 하는 주사, 채취 과정의 통증, 그리고 착상에 실패했을 때의 절망감이 반복되면서 여성의 몸과 마음은 서서히 지쳐간다. 이로 인해 우울감이나 불안을 겪기도 하고, 때로는 부부 사이에 갈등이 생기기도 한다.

특히 나이가 많을수록 상황은 더욱 힘들어진다. 35세를 넘어서면 난자의 질이 조금씩 떨어지기 시작하고, 40세가 넘으면 임신 성공률이 급격히 낮아진다. 한 번 실패하면 다시 처음부터 시작해야 하는데 두 번, 세 번 반복하다 보면 어느새 1~2년이 훌쩍 지나가 있다. 그 사이 시간은 계속 흐르고, 임신 가능성은 점점 줄어들게 되는 악순환이 반복된다.

AI, 게임 체인저의 등장

이러한 난임 치료의 여러 어려움을 해결할 새로운 기술로 AI가 주목받고 있다. 빠르게 발전하고 있는 AI 기술이 난임 치료 분야에 큰 변화를 가져오면서, 이제 AI는 단순히 의사를 돕는 도구를 넘어 난임 치료의 성공률을 크게 높이는 핵심 기술이 되고 있다.

AI의 가장 큰 장점은 사람이 놓치기 쉬운 미세한 차이까지 찾아낸다는 점이다. 수만 개의 배아 이미지를 학습한 AI는 배아의 모양, 세포가 나뉘는 속도, 성장하는 패턴 등 다양한 특징을 한꺼번에 분석할 수 있다. 이를 통해 어떤 배아가 가장 착상 가능성이 높은지 더 정확하게 예측한다. 실제로 AI를 활용한 배아 선별 시스템은 양질의 배아를 선별할 확률을 기존 30% 수준에서 약 65%까지 높였다는 연구 결과도 있다(이코노미조선, 2025).

AI는 배아 선별뿐만 아니라 환자 맞춤형 치료 계획을 짜는 데도 중요한 역할을 한다. 환자의 나이, 체중, 호르몬 수치, 과거 치료 기록 등을 종합적으로 분석하여 각자에게 가장 적합한 치료 방법을 찾아낸다. 이를 통해 호르몬을 너무 많이 쓰거나 부족하게 쓰는 일을 방지할 수 있고, 한 번의 시도로 임신에 성공할 가능성도 높아진다. 또한 환자의 임신 가능성을 정확히 예측해서, 환자는 현실적인 기대를 가질 수 있고, 의료진은 더 구체적인 상담을 제공할 수 있게 되었다.

무엇보다 중요한 것은 AI가 사람과 달리 지치지 않는다는 점이다. 시간이나 감정, 피로에 영향받지 않고 항상 일관된 기준으로 분석하는 AI 덕분에, 지역 간 의료 수준 차이도 줄어들 수 있다. 서울의 큰 병원이든 지방의 작은 병원이든, 같은 AI 시스템을 사용한다면 동일한 수준의 진료를 받을 수 있게 될 것이다.

AI 도입으로 치료 기간이 짧아지고 비용도 줄일 수 있다. 첫 시도에서 성공할 확률이 높아지면, 환자들은 경제적 부담과 마음의 고통을 함께 덜 수 있다. 예를 들어, 평균 세 번의 시도가 필요하던 치료가 두 번으로 줄어들면 약 300만 원 이상을 절감할 수 있는데, 한 번이라도 실패의 고통을 줄일 수 있다는 점에서 그 의미는 더욱 크다.

또한 AI의 빠른 분석 속도 덕분에 치료 과정도 훨씬 효율적으로 바뀌고 있다. 예전에는 하루 종일 현미경을 들여다보며 해야 했던 배아 분석을 이제는 몇 분 안에 끝낼 수 있게 되면서, 의료진은 환자와 상담하고 치료 계획을 세우는 데 더 많은 시간을 투자할 수 있게 되었다. 결국 AI는 단순히 일을 빨리 처리하는 것을 넘어서, 더 많은 부부들이 난임 치료를 받을 수 있는 기회를 만들어 주고 있다.

AI 시대, 의료진 교육의 패러다임 전환

AI 도입으로 배아 연구원과 의료진을 교육하는 방식에도 변화가 일어나고 있다. 예전에는 오랜 경험을 쌓아 육안으로 배아를 평가하는 능력이 가장 중요했지만, 이제는 AI가 분석한 데이터를 제대로 이해하고, 그 결과의 신뢰성을 판단하는 능력이 더욱 중요해졌다.

AI 시대의 의료진에게는 단순히 컴퓨터를 다루는 기술만으로는 충분하지 않다. AI의 작동 원리를 이해하고, AI도 실수할 수 있다는 점을 인식하며, 그 결과를 비판적으로 검토할 수 있는 능력이 필수적이다. 나아가 윤리적 판단 능력도 더욱 중요해졌다. 예를 들어 AI가 65%의 임신 가능성을 제시했을 때, 이를 환자에게 어떻게 설명할 것인가는 매우 중요한 문제다. '높다'고 표현할지, '아직 불확실하다'고 전달할지에 따라 환자가 받는 영향은 완전히 달라질 수 있기 때문이다. 따라서 미래의 의료진은 생물학적 지식과 데이터 분석 능력을 겸비한 '과학적 의사 결정자'로 성장해야 한다.

이러한 변화된 요구에 대응하기 위해 병원과 대학에서는 AI 시대에 맞는 전문가 양성이 활발히 진행되고 있다. 국내에서는 차병원이 판교 차바이오컴플렉스에 약 100평 규모의 난임 트레이닝센터를 구축했다. 실제 난임 센터와 동일한 환경을 갖춘 이곳에서는 20년 이상 경력의 전문가들이 직접 교육을 담당하며, 난자와 정자 선별부터 배아 배양, 검사, 동결 보존까지 최신 기술을 체계적으로 습득할 수 있다. 미국 생식의학회와의 협력을 통해 아시아-오세아니아 지역의 교육 중심지로 자리매김하고 있다(CHA그룹, 2024).

미국에서는 시뮬레이션 기반 배아 이식(ET) 훈련 시뮬레이터가 개발되어 사용 중이다. 이 시스템은 실제 임상 장비와 동일한 환경에서 다양한 자궁 구조와 난이도별 시나리오를 반복 연습할 수 있게 하며, 실시간 피드백을 통해 즉각적인 개선이 가능하다. 무엇보다 실제 환자에게 부담을 주지 않으면서도 충분한 임상 경험을 쌓을 수 있다는 점이 큰 장점이다(VirtaMed, n.d.).

영국 던디대학교(University of Dundee)는 2025년 세계 최초로 AI와 체외 수정 기술을 융합한 석사과정을 개설해 차세대 AI 배아 전문가(AI-embryologists)를 양성하기 시작했다(University of Dundee, 2025).

이러한 교육 프로그램들은 단순한 기술 습득을 넘어, 첨단 기술과 의료 전문성을 결합한 새로운 형태의 난임 치료 전문가를 양성하는 데 중점을 두고 있다. 전통적인 의학 지식과 임상 경험에 더해 AI 기술 활용 능력, 데이터 분석 역량, 그리고 정밀 의료에 대한 이해를 갖춘 융합형 인재를 육성하는 것이다. 이들은 단순히 기존 방식을 답습하는 것이 아니라, 최신 기술을 적극적으로 활용하여 진단의 정확도를 높이고 치료 성공률을 개선할 수 있는 역량을 갖추게 된다. 결과적으로 이러한 체계적인 교육을 통해 배출된 전문가들이 난임 치료의 표준화와 고도화를 이끌며, 더 많은 난임 부부에게 희망을 줄 수 있을 것으로 기대된다.

AI가 이끄는 난임 치료의 혁신

AI는 이제 난임 치료 분야의 모든 과정에서 혁신적인 변화를 이끌고 있다. 배아 이미지 분석부터 수정란 발달 예측, 호르몬 반응 분석까지, AI는 난임 치료의 정확도를 획기적으로 향상시켰다. 특히 미국, 이스라엘, 호주, 캐나다 등 선진국의 혁신 기업들이 개발한 AI 솔루션들은 이제 단순한 보조 도구를 넘어 전 세계 난임 치료의 표준 도구로 자리매김하며 시장 성장을 견인하고 있다.

퓨처 퍼틸리티(Future Fertility)는 난자의 현미경 이미지만으로 품질을 평가하고 임신 가능성까지 예측함으로써, 의료진이 각 환자에게 최적화된 맞춤형 치료 계획을 수립할 수 있게 했다.

라이프 위스퍼러(LifeWhisperer)는 AI로 배아 이미지를 분석해 임신 성공률은 물론 유전적 이상까지 진단하는데, 경험 많은 배아 연구원보다 더 정확하고 일관된 결과를 보여 준다고 한다.

얼라이프 헬스(Alife Health)는 난소 자극부터 배아·난자 평가, 약물 처방, 치료 모니터링, 환자와의 소통까지 모든 과정을 하나의 AI 플랫폼으로 통합했다. 이로 인해 난임 클리닉의 운영이 효율화되고, 환자들은 더 나은 치료 결과를 기대할 수 있게 되었다.

페어틸리티(Fairtility)는 '설명 가능한 AI'라는 차별화 전략을 내세웠다. AI가 왜 그런 판단을 내렸는지 의료진이 이해할 수 있도록 만들어, 의료진의 신뢰를 얻으며 임상 현장에서 빠르게 확산되고 있다.

이러한 글로벌 AI 혁신의 흐름 속에서 우리나라도 빠르게 움직이고 있다. 특히 의료진과 AI의 협력을 통한 신뢰도 높은 난임 치료를 위해, 난임 센터에 AI 기술을 적극 도입하고 있다.

차병원은 2025년 11월, 첨단 AI 기술을 접목한 아시아 최대 규모의 마곡 난임 센터를 개소했다. 이 센터는 AI 기반 배아 분석 및 맞춤형 치료 솔루션을 통해 난임 치료의 정확성과 효율성을 획기적으로 향상시키며, 환자 중심의 통합 치료 환경을 제공한다. 최신 AI 기술을 활용해 난소 자극, 배아 · 난자 평가, 치료 모니터링 등 전 과정을 디지털화하고 최적화함으로써 환자의 성공적인 임신 가능성을 높이는 데 중점을 두고 있다. 또한 풍부한 임상 경험을 가진 의료진과 AI가 협력하여 진단의 신뢰도를 높이고, 국내외 난임 치료의 선도적 모델을 구축하는 데 기여하고 있다(경향신문, 2025).

실제, 난임 치료에 AI 기술이 도입되면서 그동안 불가능했던 임신이 현실이 된 사례들도 속속 보도되고 있다. 18년간 반복된 체외 수정 실패를 겪던 한 부부는 AI 기반 정자 추적 시스템(STAR)을 통해 마침내 임신에 성공했다. 정상 남성보다 정자 수가 극히 적었던 남편의 경우, AI가 800만 건 이상의 이미지를 분석해 생식력 있는 정자를 효율적으로 선별함으로써 기적을 만들어 냈다(JTBC, 2025). 또한 AI와 로봇 기술의 융합으로 탄생한 시험관 아기 사례도 있다. 정자 주입부터 배아 선택까지 시술의 핵심 과정을 AI와 로봇이 담당했으며, AI가 건강한 배아를 정확히 판독하고 로봇이 정밀하게 정자를 주입함으로써 성공적인 착상과 건강한 아기의 탄생이 가능했다(서울신문, 2025). 이러한 성공 사례들은 AI가 난임 치료의 성공률을 획기적으로 높이는 핵심 기술로 자리 잡고 있음을 보여 준다.

AI가 변화시킬 난임 치료의 새로운 패러다임

향후 5~10년 내에 AI 기술은 난임 치료를 '정밀 의료'의 시대로 이끌 것으로 예상된다. 환자의 유전 정보와 임상 데이터, 생활 습관, 스트레스, 영양 상태, 환경 요인까지 통합적으로 분석하여 개인별 맞춤 치료가 가능해질 것이다.

또한 진단과 예측의 정확도가 혁신적으로 향상될 것이다. 웨어러블 기기와 AI의 결합으로 호르몬 변화, 체온, 심박수 등을 24시간 모니터링하여 최적의 임신 시기를 정확히 예측할 수 있게 된다. 또한 AI가 고품질 난자를 즉시 선별하고 배아의 착상 성공률을 예측함으로써 불필요한 반복 시술을 줄이고, 환자의 신체적 · 경제적 부담을 크게 감소시킬 것이다.

이와 함께 치료 접근성도 획기적으로 개선될 전망이다. AI 기반 비대면 진료 시스템이 보편화되면서 지역 간 의료 격차가 해소되고, 기본 상담과 검사는 스마트폰 앱으로, 필수 시술만 병원에서 받는 '하이브리드 치료' 방식이 확산될 것이다.

이러한 기술적 진보와 더불어 난임 치료의 근본적인

접근 방식도 변화하고 있다. 기존의 사후적 '치료' 중심에서 선제적 '예방' 중심으로 패러다임이 전환되면서, AI가 개인의 난임 위험 요인을 조기에 감지하고 젊은 나이부터 생식 건강을 체계적으로 관리할 수 있도록 돕게 된다. 환경오염, 스트레스, 영양 불균형 등이 생식 건강에 미치는 영향을 실시간으로 분석하고, 각 개인에게 최적화된 예방 전략을 제시하는 것이다. 이는 단순히 난임을 치료하는 차원을 넘어, 건강한 임신과 출산을 위한 통합적인 건강관리 체계로 발전할 것으로 전망된다.

미래 전망과 과제

AI 기술은 앞으로도 계속 발전할 것이다. 데이터가 축적되고 알고리즘이 고도화될수록 예측의 정확도는 더욱 향상될 전망이며, 특히 혁신적인 기술들이 속속 등장하고 있다. 배아를 손상시키지 않고 평가하는 비침습적 기술, 줄기세포 치료와 AI를 융합해 난소 기능 회복의 가능성을 여는 재생 의학 기술, 로봇과 AI를 결합한 시험관 아기 시술 전 과정의 자동화, 그리고 디지털 트윈을 활용한 맞춤형 치료법 개발 등이 대표적이다.

그러나 기술만으로 모든 문제를 해결할 수는 없다. 출산율 문제의 근본적 해결을 위해서는 경제적 부담 완화,

일과 육아를 양립할 수 있는 환경 조성, 사회적 지원 체계 확충 등이 반드시 뒤따라야 한다. 기술적 혁신과 함께 사회 구조적 변화가 병행되어야만 진정한 해결책을 찾을 수 있다.

이와 함께 윤리적 측면도 신중히 고려해야 한다. 생명에 대한 판단을 AI에게 맡기는 것의 적절성, 알고리즘의 편향성과 투명성 문제, 치료 접근성의 불평등, 그리고 의료 사고 발생 시 법적 책임 소재 등은 우리 사회가 함께 논의하고 합의점을 찾아야 할 중요한 과제들이다.

그럼에도 AI 기술이 의료 현장에 가져온 긍정적 변화는 분명하다. 무엇보다 AI가 가져온 가장 의미 있는 변화는 단순한 성공률 향상이 아니라 '희망의 회복'이다. 실제로 수년간 실패를 거듭하며 지쳐 있던 부부들이 AI의 도움으로 마침내 아이를 품에 안는 기적 같은 순간들이 전 세계 곳곳에서 일어나고 있다. 이러한 희망의 이야기들이 계속 이어지길 기대한다.

이 책의 구성

이 책은 난임과 저출산이라는 우리 사회의 중요한 문제를 이해하고, AI 기술이 난임 치료 분야에 어떠한 혁신을 가져오고 있는지 쉽게 이해할 수 있도록 구성하였다. 이를 통해 AI 난임 치료라는 기술적 혁신이 개인의 삶과 사회 전반에 어떤 희망을 줄 수 있는지 독자들에게 공감 가도록 전달하고자 하였다. 이 책은 크게 네 부분으로 나뉘어 독자들이 난임의 현실부터 AI를 통한 치료 혁신, 그리고 미래 전망까지 단계별로 자연스럽게 이해할 수 있도록 구성하였다.

첫 번째 부분에서는 난임이 개인적인 문제를 넘어 사회적 위기가 된 배경과 그 현실을 살펴본다. 저출산 현상과 결혼 · 출산 시기의 변화, 난임 증가 원인, 그리고 난임 부부가 겪는 심리적 · 경제적 어려움을 다양한 통계와 연구 자료를 바탕으로 알기 쉽게 설명하였다. 또한 정부의 난임 치료 지원 정책과 사회적 인식 변화도 함께 다루어, 왜 난임 문제가 우리 모두의 관심사가 되어야 하는지 이해할 수 있도록 하였다.

두 번째 부분에서는 전통적인 난임 치료의 한계와 함께 AI가 어떻게 난임 진단과 치료에 적용되어 새로운 길을 열고 있는지 살펴본다. AI는 방대한 의료 데이터를 분석해 개인별 최적 치료법을 제시하고, 배아 선별, 배란 예측, 호르몬 관리 등 핵심 과정에서 혁신적인 역할을 한다. 특히 AI와 빅데이터, 영상 분석 기술이 난임 치료 성공률을 높이고 환자의 부담을 줄이는 실제 사례와 연구 결과를 상세히 소개하였다.

세 번째 부분에서는 세계 각국의 난임 정책과 AI 기술 적용 사례를 다룬다. 일본, 미국, 호주, 이스라엘, 중국 등 주요 국가들의 정책 동향과 AI 기반 난임 치료를 선도하는 기업들의 혁신 사례를 통해 글로벌 트렌드를 한눈에 볼 수 있도록 하였다. 이를 통해 AI 기술이 난임 분야에서 어떻게 빠르게 확대되고 있는지, 그리고 앞으로 의료 현장에 어떤 변화를 가져올지 전망한다.

마지막 부분에서는 AI와 의료진 간의 협업, 윤리적 · 사회적 과제, 그리고 환자 중심의 새로운 치료 패러다임에 대해 논의한다. AI가 진단과 치료의 정확도를 높이는 동시에 의료진의 역할을 보조하며, 환자들이 보다 나은 치료 경험을 할 수 있도록 지원하는 방향을 제시하였다. 또한 AI 기술 발전에 따른 앞으로의 난임 치료 미래상을 쉽고 명료하게 설명하면서, 독자들이 기술과 사람의 조화로운 협력 속에서 희망을 발견할 수 있도록 제시하였다.

이 책의 내용들이 난임과 AI의 융합 분야에 대한 이해와 관심을 크게 높일 수 있는 길잡이가 되길 기대해 본다.

참고문헌

건강보험심사평가원(2023). "불임 및 난임 시술 진료현황 분석".

경향신문(2025.11.22). "난임으로 마음 고생한다면 '이곳'으로… 차병원, '아시아 최대 AI 난임센터' 문 열었다".

대한민국 정책브리핑(2025.2.26). "9년 만에 출생아 수 증가… 합계출산율도 '0.75명'으로 반등".

동아일보(2025.10.14). "노벨경제학상 수상자 "韓경제, 문제없다… 진짜 걱정은 저출산"".

서울신문(2025.4.22). ""로봇이 난자에 정자 주입" … 세계 최초 'AI 시험관 아기' 탄생".

연합뉴스(2025.3.5). "OECD "저출산 한국, 향후 60년간 인구 절반 감소 우려"".

이코노미조선(2025.9.8). "AI가 임신 성공률 높인다… 양질 배아 선별력, 인간의 1.5배".

저출산고령사회위원회(2025.7.3). "아이 10명 중 1명이 난임시술로 태어났어요!". 저출산고령사회위원회 카드뉴스.

중앙일보(2024.10.30). "서울 신생아 5명 중 1명 난임시술로 탄생… 난임시술 지원 늘린다".

통계청(2025). "2024년 인구동향조사: 출생·사망통계".

CHA그룹(2024.10.29). "차병원, 국내 최초 글로벌 난임트레이닝센터 개소".

JTBC(2025.7.4). "AI가 임신도 시켜준다고?? … 난임 부부 18년만에 임신 성공".

ZDNet Korea(2025.2.2). "국내 부부 7쌍 중 1쌍이 난임".

Bendus, A. E. B. et al.(2006). Interobserver and intraobserver variation in day 3 embryo grading. *Fertility and Sterility, 86*(6), pp.1608~1615.

The New York Times(2023.12.2). Is South Korea disappearing?

UN(2024). World Population Prospects 2024.

University of Dundee(2025.5.28). Dundee launch of world-first AI and IVF course, 40 years after Scotland's first 'test-tube' baby.

VirtaMed(n.d.). GynoS™ ASRM embryo transfer simulator. https://www.virtamed.com/en/products-and-solutions/simulators/gynos/asrm-embryo-transfer

WHO(2023.4.4). 1 in 6 people globally affected by infertility: WHO.

01
난임, 새로운 희망을 찾아서

오늘날 난임은 개인의 아픔을 넘어 사회 전체가 함께 해결해야 할 과제가 되었다. 난임 인구가 지속적으로 증가함에 따라 정부는 건강보험 적용 확대, 난임 치료 휴가 도입 등 다양한 지원 정책을 펼치고 있다. 특히 AI 기술은 난임 치료의 새로운 전환점이 되고 있다. AI는 정확한 진단과 맞춤형 치료를 통해 시술 성공률을 높이고 부작용은 줄여 난임 부부들에게 새로운 희망이 되고 있다.

기후 위기와 인공지능?

난임, 개인을 넘어 사회적 문제로 부각

저출산 위기가 심화되면서 난임은 더 이상 개인의 문제가 아닌 사회가 함께 해결해야 할 과제로 인식되고 있다. 과거에는 난임을 개인의 어려움으로 여겼지만, 최근 정부의 적극적인 지원과 제도 개선으로 일반적인 의료 문제로 받아들여지고 있다. 이러한 인식의 변화는 난임 부부들에게 심리적 안정감을 주고, 보다 적극적으로 치료에 나설 수 있는 환경을 조성하고 있다.

그런데 현대 사회에서 난임을 겪는 사람들이 계속 늘어나는 이유는 무엇일까? 여기에는 여러 가지 복합적인 원인이 있다.

가장 큰 원인은 결혼과 출산 시기가 늦어졌다는 점이다. 최근에는 30대에 첫 아이를 갖거나 35세 이후에 임신을 시도하는 경우가 늘고 있다. 하지만 나이가 들수록 임신 가능성은 낮아진다. 여성의 경우 30세부터 임신 능력이 서서히 감소하기 시작하고, 35세가 넘으면 더 빠른 속도로 떨어진다(매일경제, 2023).

현대인의 과도한 스트레스도 임신을 어렵게 만드는 주요 원인이다. 직장과 일상에서 받는 스트레스는 호르몬 균형을 무너뜨려 남녀 모두의 임신 가능성을 저하시킬 수 있다. 실제로 스트레스를 잘 관리한 사람들의 임신 성공률이 그렇지 않은 사람보다 60% 이상 높았다는 연구 결과도 있다(코메디닷컴, 2009).

또한 우리를 둘러싼 환경도 문제다. 서구화된 식습관, 환경호르몬, 대기오염 등이 모두 임신 가능성을 떨어뜨리고 있다. 최근에는 정자와 난자에서 미세플라스틱이 발견됐다는 충격적인 연구 결과까지 나와 우려가 커지고 있다(헬스조선, 2025).

문제는 이러한 요인들을 미리 예방하거나 되돌릴 수 있는 방법이 아직 제한적이라는 점이다. 이 때문에 아이를 간절히 원하면서도 쉽게 임신에 이르지 못하는 난임 부부가 겪는 고통은 단순한 의학적 문제를 넘어 사회적 · 정신적 문제로까지 확산되고 있다.

특히 우울감, 불안, 죄책감 등 난임 부부들이 겪는 다양한 심리적 어려움은 매우 심각하다. 여기에 경제적 부담까지 더해진다. 난임 치료는 보통 오랜 기간 여러 번 반복해야 하는데, 한 번 시술에 수십만 원에서 수백만 원이 들기 때문이다.

주변의 시선과 압박도 큰 스트레스다. 결혼 후 끊임없이 받는 아이에 대한 질문, 명절이나 가족 모임에서의 불편한 시선은 난임 부부에게 또 다른 상처가 된다.

이처럼 마음의 고통, 경제적 부담, 사회적 압박이라는

삼중고 때문에 치료를 포기하거나 망설이는 부부들이 많다. 그래서 난임 치료를 다방면으로 지원하는 체계가 무엇보다 중요하다.

정부 지원 제도로 부담 경감

이런 어려움을 덜어주기 위해 정부는 난임 부부를 위한 다양한 지원 정책을 마련하고 있다. 건강보험 적용 범위를 넓히고, 시술비를 추가로 지원하며, 난임 치료 휴가 제도도 도입했다.

예전에는 모든 난임 치료비를 개인이 부담해야 했지만, 지금은 건강보험이 상당 부분을 지원한다. 시험관 시술의 경우 아이 한 명당 최대 20회까지 보험 혜택을 받을 수 있다. 여기에는 난자 채취 후 수정 및 배양한 배아를 바로 사용하는 과정(신선 배아)과, 배양된 배아를 냉동 보관 후 사용하는 과정(동결 배아)이 모두 포함된다. 인공수정은 연간 최대 5회까지 건강보험 혜택을 받을 수 있다(보건복지부, 2025).

그러나 건강보험이 적용되어도 본인이 부담해야 하는 비용은 여전히 남아 있다. 그래서 정부와 지방자치단체는 추가 지원 사업을 운영하고 있다. 난임 진단을 받은 부부는 보건소를 통해 치료비를 추가로 지원받을 수 있으며, 혼인신고를 하지 않은 사실혼 부부도 조건을 충족하면 지원 대상이 된다. 최근에는 소득 기준도 완화되어 대부분의 난임 부부가 혜택을 받을 수 있게 되었다.

지원 금액과 횟수는 지역마다 다르다. 예를 들어 서울시는 출산할 때까지 최대 25회 시술비를 지원하며, 의학적 이유로 시술을 중단하게 된 경우에도 본인 부담금의 90%까지 추가로 지원한다(서울특별시, 2025).

경제적 지원뿐만 아니라 치료에 전념할 수 있는 시간을 보장하는 제도도 생겼다. 난임 치료는 시간과 체력이 많이 필요해서 직장 생활과 병행하기 어렵기 때문이다. 2025년 2월부터는 난임 치료 휴가가 연간 6일로 늘어났고, 첫 2일은 유급으로 보장된다. 근로자는 자유롭게 휴가를 사용할 수 있으며, 회사는 이를 이유로 불이익을 주거나 개인정보를 함부로 알릴 수 없다(고용노동부, 2025).

하지만 현재의 지원 제도에는 아직 개선할 점이 있다. 지역마다 지원 내용이 달라 형평성 문제가 있고, 심리적 지원은 여전히 부족한 실정이다. 이런 상황에서 AI 기술은 새로운 해결책이 되고 있다.

AI가 가져온 난임 치료의 새로운 희망

AI 기술이 의료 분야에 본격적으로 도입되면서 난임 진단과 치료에도 큰 변화가 일어나고 있다. AI는 방대한 의료 데이터를 분석해 의사가 놓치기 쉬운 패턴을 찾아내고, 환자 개개인에게 맞는 정밀한 치료를 가능하게 한다.

특히 시험관 시술에서 AI의 역할이 두드러진다. AI는 수십만 개의 배아 이미지를 학습해서 어떤 배아가 임신에 성공할 가능성이 높은지를 예측한다. 이 방법은 기존보다 임신 성공률을 높이고, 의사마다 다를 수 있는 판단 기준을 일관되게 만든다(전자신문, 2025).

AI는 건강한 배아를 선별하는 것뿐만 아니라 시험관 시술의 모든 단계에서 활용된다. 환자의 생리 주기, 호르몬 상태, 초음파 결과를 종합적으로 분석해서 약을 언제, 얼마나 쓰는 것이 좋은지 알려준다. 이를 통해 건강한 난자를 최적의 시기에 채취할 수 있도록 돕는다. 또한 AI 덕분에 호르몬 약물로 인한 부작용도 줄어든다. 전에는 난자를 많이 얻으려고 호르몬 약을 과도하게 사용하면 배가 붓고 복수가 차는 등의 '난소 과자극 증후군(OHSS)'이 생길 수 있었다. 하지만 AI가 적절한 약물 사용을 도와주면서 이런 부작용은 줄고, 치료 성공률은 더 높아지고 있다(Zakall et al., 2024).

최근에는 병원에 가지 않고도 집에서 사용할 수 있는 AI 기반 서비스들이 나오고 있다. 스마트폰 앱이나 웨어러블 기기를 통해 매일의 체온 변화, 생리 주기, 호르몬 검사 키트 결과 등을 입력하면, AI가 이를 종합적으로 분석해 정확한 배란일과 가임기를 알려준다. 기존의 단순한 생리 주기 계산법보다 훨씬 정확해서, 생리가 불규칙한 여성이나 임신을 계획하는 바쁜 직장인들에게 특히 유용하다(이데일리, 2024; 디지틀조선일보, 2025).

AI는 앞으로 신체적 치료뿐 아니라 정서적 지원에도 적극 활용될 것으로 기대된다. 24시간 대화할 수 있는 AI 챗봇이나 감정 지원 앱이 개발되면, 난임 부부가 언제든 편하게 고민을 털어놓을 수 있는 비대면 상담 창구 역할을 할 수 있을 것이다.

이런 AI 활용은 의료 서비스의 질을 높이면서도 비용 부담을 줄이는 효과가 있다. AI가 불필요한 시술을 줄이고 성공률을 높이면, 반복되는 시술로 인한 비용과 시간 낭비를 크게 줄일 수 있기 때문이다. 또한 병원 업무가 자동화되면서 운영비 절감 효과도 기대할 수 있다.

물론 AI가 모든 문제를 해결할 수는 없다. 전문가들은 "AI는 의사를 대체하는 것이 아니라, 더 나은 판단을 내릴 수 있도록 돕는 도구"라고 강조한다. 최종 치료 결정, 환자에게 희망을 주는 따뜻한 말, 섬세한 소통은 여전히 사람만이 할 수 있는 일이다. AI와 의료진이 서로 협력할 때 최고의 치료 결과를 얻을 수 있다.

아직 넘어야 할 산은 있지만, 기술과 사람이 함께하는 AI 난임 치료의 미래는 점차 현실로 다가오고 있다. 머지않아 AI와 사람이 함께 만드는 새로운 치료의 패러다임은 더 많은 부부에게 생명의 기쁨을 선사할 것이다.

참고문헌

고용노동부(2025). [카드뉴스] 달라지는 육아휴직 3법 난임치료휴가 편.

디지틀조선일보(2025.9.10). “씨어스테크놀로지, 심전도로 배란일 예측하는 AI 개발”.

매일경제(2023.5.9). “여성 임신능력 급격히 떨어지는 나이 30세? 35세? 40세?”.

보건복지부(2025). “가임력 검사비 지원사업 1~2월 9만여 명 신청, 건강한 임신 준비 청신호”.

서울특별시(2025). “2025년 난임 부부 시술비 지원 확대 안내”.

이데일리(2024.10.15). “수젠텍, 배란테스트 앱 슈얼리즈 출시… “배란 테스트기도 AI 시대””.

전자신문(2025.2.13). “난임 성공률 65%까지 높이는 ‘AI 배아 분석 기술’… 범부처 의료기기 R&D 사업 선정”.

코메디닷컴(2009.10.20). “임신 원하세요? 스트레스 관리부터”.

헬스조선(2025.7.6). ““이제 정액, 난포액에서도 발견” 생식 능력 떨어뜨릴 수도… 위험한 ‘이것’ 정체는?”.

Zakall, J. et al.(2024). A Review on the Integration of Artificial Intelligence and Medical Imaging in IVF Ovarian Stimulation. arXiv preprint arXiv:2412.19688.

02
난임의 현실과 도전

우리는 지금 세계 최저 수준의 출산율과 급증하는 난임 문제에 직면해 있다. 사회 문화적 변화와 환경적 · 경제적 요인이 복합적으로 작용하면서, 난임은 개인을 넘어 사회적 과제가 되었다. 정부 지원 확대와 의료 기술 발전에도 불구하고, 난임 부부들은 여전히 경제적 부담과 정신적 · 신체적 고통을 겪고 있는 것이 현실이다. 이제는 우리 사회 전체가 함께 관심을 갖고 해결책을 모색해야 할 시점이다.

노래하는 AI 보컬?

한국의 저출산 위기

우리나라는 현재 세계에서 가장 낮은 출산율을 기록하고 있다. 2024년 기준 합계출산율, 즉 여성 한 명이 평생 동안 낳을 것으로 예상되는 아이 수는 평균 0.75명에 불과하다. 이는 OECD 평균인 1.51명의 절반 수준이며, 인구를 유지하는 데 필요한 2.1명에는 한참 못 미치는 수치다(통계청, 2025a; UN, 2024).

사실 저출산 문제는 어제오늘의 일이 아니다. 1970년도만 해도 우리나라 여성들은 평균 4.5명의 아이를 낳았다. 하지만 급속한 경제 성장과 함께 가족계획이 시작되면서 출산율은 지속적으로 감소했고, 특히 2000년대에 접어들며 급격히 떨어지기 시작했다. 2018년에는 마침내 합계출산율이 1.0명 아래로 내려갔고, 이는 OECD 국가 중 최초였다. 이후에도 하락세는 계속되어 2023년에는 0.72명까지 떨어졌으며, 서울 같은 대도시의 출산율은 0.6명 이하라는 충격적인 수치를 기록했다. 이제 우리나라는 세계에서 출산율이 가장 낮은 나라가 되었고, 지방 소도시들의 인구 소멸은 더 이상 먼 미래의 일이 아닌 현실이 되고 있다(통계청, 2025a).

이렇게 저출산이 심해진 데는 여러 이유가 얽혀 있다. 무엇보다 결혼에 대한 생각이 크게 바뀌었고, 여성들의

사회 진출이 늘면서 출산을 미루는 경우가 많아졌다. 정부에서 육아휴직 제도를 만들고 어린이집도 늘렸지만, 여전히 경직된 직장 문화 때문에 이런 제도들이 제대로 활용되지 못하고 있다는 점도 문제다.

그중에서도 특히 눈여겨볼 변화는 결혼 시기가 크게 늦어진 것이다. 1995년과 비교해 보면 2024년 현재 첫 결혼 나이가 남성은 28.4세에서 33.9세로, 여성은 25.3세에서 31.6세로 각각 5~6년이나 늦어졌다(통계청, 2025b). 더 심각한 것은 단순히 결혼을 미루는 수준을 넘어서, 아예 결혼 자체를 포기하는 이들이 늘고 있다는 사실이다.

난임 문제의 대두

이처럼 결혼이 늦어지고 결혼 자체가 줄어들면서 사회 구조 변화에 그치지 않고 새로운 문제가 나타나고 있다. 출산 시기가 늦어짐에 따라 임신이 어려워지고 난임 환자가 급격히 늘어나고 있는 것이다.

난임이란 부부가 피임을 하지 않고 정상적인 부부생활을 하는 데도 1년 이상 임신이 되지 않는 상태를 말한다. 특히 여성의 나이가 35세 이상일 경우, 6개월 이상 임신이 되지 않으면 난임으로 진단한다. 이는 35세를 넘으면 임신 능력이 급격히 떨어지기 때문이다(건강보험심사평가원, 2022).

이 문제는 우리나라만의 일이 아니다. 세계보건기구(WHO)의 조사 결과, 전 세계적으로 가임기 성인 6명 중 1명(약 17%)은 살면서 한 번 이상 난임을 겪는다고 한다. 흥미롭게도 이 비율은 소득 수준이나 지역에 관계없이 거의 비슷하게 나타난다는 것이다. 이는 난임이 이제 전 세계가 함께 고민해야 할 건강 문제가 되었음을 보여준다(WHO, 2023).

우리나라의 상황은 더 심각하다. 2024년 조사 결과를 보면, 19~49세 기혼 여성 중 약 16.8%가 난임을 경험했으며, 40대 초반 여성의 경우에는 그 비율이 19%까지 올라간다(한국보건사회연구원, 2024). 실제로 난임으로 병원을 찾는 환자도 꾸준히 늘고 있다. 2018년에 22만 8000명이던 난임 환자가 2022년에는 23만 8000명으로 4.7% 증가했고, 난임 시술을 받는 사람도 12만 1000명에서 14만 명으로 16% 증가했다(건강보험심사평가원, 2023).

특히 눈에 띄는 변화는 남성 난임이 급증하고 있다는 사실이다. 남성 난임 환자는 2018년 7만 8000명에서 2024년 10만 8000명으로 38%나 늘었는데, 이는 여성보다 훨씬 가파른 증가세다(동아일보, 2025). 이제 난임은 더 이상 여성만의 문제가 아니라 부부가 함께 겪는 건강 문제라는 인식이 필요한 시점이다.

난임 증가의 복합적 원인

난임이 늘어나는 가장 큰 이유는 역시 늦은 결혼과 출산이다. 요즘은 대학을 졸업하고 취업해서 어느 정도 자리를 잡은 다음에 결혼을 생각하는 경우가 많다. 결혼 후에도 바로 아이를 갖기보다는 경제적으로 안정된 다음에 출산을 계획한다. 하지만 안타깝게도 우리 몸의 생물학적 시계는 기다려 주지 않는다. 여성의 경우 20대 후반부터 임신 가능성이 서서히 줄어들기 시작해 35세를 넘으면 급격히 떨어진다(매일경제, 2023). 남성도 마찬가지로 40대가 되면 정자의 질이 눈에 띄게 나빠진다.

물론 나이만이 문제는 아니다. 자궁이나 난소 질환, 정자 생성 기능의 이상 같은 직접적인 건강 문제도 있고, 무리한 다이어트나 비만으로 인한 호르몬 불균형도 난임의 주요 원인이 된다(강남차병원, 2012).

최근에는 환경적인 요인도 많이 지적되고 있다. 우리가 매일 사용하는 일회용품이나 생활용품에서 나오는 유해 물질이 호르몬 교란을 일으킨다는 연구 결과가 계속 나오고 있다(한국경제, 2024). 여기에 현대인의 고질병인 과도한 스트레스와 야근, 불규칙한 생활 패턴도 임신을 어렵게 만드는 요인이다.

한편으로는 난임에 대한 인식이 바뀐 것도 환자 수 증가에 영향을 미쳤다. 예전에는 난임을 부끄러워하고 숨기려 했다면, 요즘은 적극적으로 치료받으려는 부부가 많아졌다. 특히 2017년부터 정부가 난임 치료에 건강보험을 적용하면서 치료를 받기가 훨씬 수월해진 것도 중요한 요인이다.

난임 치료의 발전과 한계

난임 치료는 원인과 심각도에 따라 단계별로 진행된다. 처음에는 배란을 돕는 약물 치료부터 시작한다. 이것으로 해결되지 않으면 인공수정을 시도하고, 마지막으로는 흔히 '시험관 시술'이라고 부르는 체외 수정을 하게 된다. 체외 수정은 정자와 난자를 체외에서 수정시킨 뒤 배아를 자궁에 이식하는 방법으로, 성공률이 평균 36.9% 정도로 인공수정의 13%보다 훨씬 높다(건강보험심사평가원, 2025). 최근에는 배아의 유전자를 미리 검사하는 기술이나 난자 동결 기술이 발달하면서 치료 성공률이 더욱 높아지고 있다.

그러나 아무리 의학이 발달해도 모든 부부가 임신에 성공하는 것은 아니다. 여러 번 시술을 받아도 실패하는 경우가 많고, 이 과정에서 부부는 경제적으로나 정신적으로, 신체적으로 큰 고통을 겪게 된다.

우선 경제적 부담이 만만치 않다. 2022년 기준으로 난임 환자가 1년간 쓰는 의료비는 평균 102만 원으로, 2018년 54만 원보다 거의 두 배나 늘었다. 특히 시술을 받는 여성의 경우 평균 321만 원을 쓴다(건강보험심사평가원, 2023). 게다가 우리나라 난임 부부들은 평균 7번 정도 시술을 반복하는 것으로 알려져(차병원 뉴스룸, 2024), 누적 비용 부담이 상당하다.

경제적 문제만큼이나 심각한 것이 정신적 고통이다. 임신 실패가 거듭되면서 난임 부부의 85~87%가 우울이나 불안을 겪는다는 조사 결과가 있다(헬스조선, 2025), 어떤 부부는 극심한 절망감에 빠져 일상생활조차 힘들어하기도 한다.

신체적 부담도 크다. 특히 여성들은 수시로 병원을 방문해야 하고 각종 검사를 받아야 한다. 배란을 유도하기 위해 매일 맞는 호르몬 주사는 상당한 통증을 동반한다. 실제로 2022년 조사에서 치료받는 여성의 56.6%가 주사로 인한 복부 통증을 가장 힘든 점으로 꼽았다(경향신문, 2022).

여기에 더해 사회의 시선도 이들을 힘들게 한다. 아직

도 우리 사회에는 '결혼하면 당연히 아이를 낳아야 한다'는 생각이 뿌리 깊게 남아 있다. 그래서 아이가 없는 부부들은 주변의 눈치를 보거나 명절 때 친척 모임을 피하곤 한다. 직장에서도 어려움이 많다. 병원에 자주 가야 하지만 난임 치료 사실을 밝히기는 부담스러워 개인 사정으로 조퇴를 반복하다 보면, 동료들과의 관계나 업무에도 영향을 받게 된다(문은미 · 김민아, 2023).

미래를 향한 대응과 희망

정부는 저출산 문제를 해결하기 위해 난임 치료 지원을 계속 늘리고 있지만, 여전히 개선 여지가 많다. 건강보험이 적용되는 범위를 더 넓히고, 소득에 따른 지원도 강화해야 한다. 무엇보다 직장에서 난임 치료를 편하게 받을 수 있도록 이미 도입된 유연근무제와 난임 치료 휴가제의 활성화 및 실질적 지원이 중요하다.

경제적 지원만큼 중요한 것이 심리적 지원이다. 현재 난임 시술을 경험한 부부 중에서 전문 상담을 받은 비율은 5%에 불과하다(문화일보, 2025). 온라인 상담 서비스를 늘리고, 같은 상황에 있는 부부들이 서로 위로하고 정보를 나눌 수 있는 모임을 활성화하며, 전문 상담사를 더 많이 양성해야 한다. 동시에 난임 부부를 바라보는 사회의 편견을 없애고 배려하는 문화를 만들어가는 노력도 필요하다.

다행스러운 점은 체외 수정 기술의 지속적인 발전이 난임 부부들에게 새로운 희망을 주고 있다는 것이다. 또한 난자 동결 기술의 발전으로 미리 난자를 보관해 두었다가 나중에 임신을 시도하는 여성들도 늘고 있다(Hinews, 2025). 이런 기술들은 앞으로 난임 치료의 성공률을 높일 것으로 기대된다.

하지만 아무리 기술이 발달해도 근본적인 해결책은 될 수 없다. 무엇보다 결혼과 출산을 망설이게 만드는 사회 구조를 바꾸고, 안심하고 결혼해서 아이를 낳을 수 있는 환경을 만드는 것이 급선무다. 특히 여성이 출산 후에도 경력을 이어갈 수 있도록 지원하고, 다양한 가족의 형태를 인정하는 열린 사회를 만들어가야 한다.

이제 난임은 개인이나 한 가정만의 문제가 아닌, 우리 사회 전체가 함께 고민하고 해결해야 할 과제가 되고 있다. 의료 기술의 발전과 정부의 적극적인 지원은 물론, 사회적 인식의 변화와 난임 부부를 향한 따뜻한 이해와 배려가 어우러질 때 비로소 진정한 변화가 시작될 것이다.

참고문헌

강남차병원(2012). “다양한 난임의 원인”. 강남차병원 건강칼럼.

건강보험심사평가원(2022). “난임 가이드북”.

건강보험심사평가원(2023). “불임 및 난임 시술 진료현황 분석”.

건강보험심사평가원(2025). “통계로 보는 난임 시술”.

경향신문(2022.2.7). “난임 치료 여성, 우울감이나 피로감 등 극심한 심리적 고통 호소”.

동아일보(2025.8.28). “남성 난임 작년 첫 10만 명 넘어… “검사 늘고 스트레스 등 영향””.

매일경제(2023.5.9). “여성 임신능력 급격히 떨어지는 나이 30세? 35세? 40세?”.

문은미·김민아(2023). “난임 시술을 받은 남성의 심리사회적 어려움”. 《보건사회연구》, 43(4), 138~157쪽.

문화일보(2025.9.9). “서울시, 난임 부부 심리·신체 통합 지원 강화… 상담·건강관리 프로그램 확대”.

차병원 뉴스룸(2024). “개인 맞춤형 난임 치료 도입… 임신 성공률, 전국 평균 2배”.

통계청(2025a). “2024년 인구동향조사: 출생·사망통계”.

통계청(2025b). “2024년 혼인·이혼 통계”.

한국경제(2024.11.13). ““임신 중 환경호르몬 뇌 발달에 치명적… 성인까지 영향””.

한국보건사회연구원(2024). “2024년도 가족과 출산 조사”.

헬스조선(2025.1.20). ““반복되는 임신 실패, 우울증까지 유발… 섣부른 조언보단 응원을””.

Hinews(2025.4.30). “임신 계획 미뤘다면 35세 전 ‘난자 냉동’ 고려”.

UN(2024). World Population Prospects 2024.

WHO(2023). Infertility. WHO Fact Sheets.

03

AI는 어떻게 난임 문제를 해결하는가

난임 치료가 AI 시대를 맞아 새로운 전환점에 서 있다. 의사의 경험에 주로 의존했던 과거와 달리, 이제는 AI가 환자의 유전 정보부터 호르몬 수치, 초음파 영상까지 종합적으로 분석해 정밀 의료 서비스를 제공한다. AI는 진단의 정확도를 높일 뿐만 아니라 개인별 맞춤 치료를 통해 임신 성공률을 크게 향상시키고 있다. 이러한 변화는 의료진의 업무 부담을 덜어주면서도 난임으로 고민하는 이들에게 새로운 희망이 되고 있다.

인공지능과 편향?

난임 치료를 돕는 다양한 AI 기술들

난임 치료 분야에서 머신러닝, 딥러닝, 자연어 처리(NLP), 로보틱 프로세스 자동화(RPA) 등 다양한 AI 기술이 폭넓게 활용되고 있다.

머신러닝: 데이터 속 숨겨진 패턴을 찾아내는 기술

머신러닝(Machine Learning, ML)은 많은 데이터에서 숨겨진 패턴을 자동으로 찾아내고 미래를 예측하는 기술이다. 이 기술은 환자의 진료 정보, 유전적 요인, 생활 습관 등 여러 정보를 동시에 분석하는 데 뛰어나다. 특히 스스로 학습하고 반복해서 최적화하는 과정을 거치면서 새로운 데이터에도 유연하게 적응한다는 장점이 있다.

난임 분야에서 머신러닝은 다양하게 활용된다. 환자의 호르몬 검사 결과, 난소 반응성, 나이 등을 종합 분석해 난소가 약물에 어떻게 반응할지를 미리 예측하는 데 사용된다. 이를 통해 치료 위험이 높은 환자와 낮은 환자를 구분하고, 체외 수정 성공 가능성을 예측하는 AI 모델도 연구를 거쳐 실제 진료에 활용될 가능성을 보이고 있다(Liu et al., 2022).

배란이 잘 일어나도록 돕는 배란 유도제 치료에서는 과거 환자들의 치료 반응과 호르몬 변화 패턴을 학습한

AI 예측 모델이 사용되고 있다. 이를 통해 각 환자에게 가장 적합한 약물 용량과 투여 시기를 제시하고, 치료 효과를 높이는 연구가 활발히 진행되고 있다(Wang et al., 2025). 시험관 아기 시술에서는 배아의 모양과 환자의 임상 정보를 AI가 분석해 임신 가능성이 높은 배아를 선별하는 데 활용된다. 이 AI 모델은 임신 성공 여부뿐만 아니라 출산과 유산 가능성을 확률로 알려주어, 의료진이 더 정확한 정보를 바탕으로 치료 방향을 결정할 수 있도록 돕는다(Salih et al., 2025).

딥러닝: 영상을 정밀하게 분석하는 인공신경망

딥러닝(Deep Learning, DL)은 사람의 뇌 신경 구조를 모방한 여러 층의 인공신경망을 이용해 데이터를 자동으로 분석하고 패턴을 학습한다. 이 기술의 가장 큰 강점은 이미지나 영상처럼 복잡한 정보를 단계별로 분석하여 중요한 특징을 스스로 찾아낼 수 있다는 점이다. 특히 CNN(합성곱 신경망)은 이미지 속 물체의 위치와 형태를 정확히 구분하는 데 뛰어난 성능을 보인다.

난임 치료 현장에서 딥러닝은 주로 영상 분석에 활용되고 있다. 대표적으로 초음파나 MRI 영상에서 난포(난소 안에서 난자를 둘러싸고 보호·성숙을 돕는 주머니

모양의 구조)의 크기와 질과 같은 중요한 바이오마커를 자동으로 찾아낸다. 수많은 이미지를 학습한 AI는 난포의 모양, 크기, 구조 등을 세밀하게 파악하여 난자의 성숙도를 평가한다. 또한 자궁내막의 상태를 분석해 배아가 성공적으로 착상할 가능성이 높은 환경인지 판단하는 데도 사용된다. 최근에는 자궁 내부를 직접 관찰하는 작은 내시경(자궁경)과 딥러닝을 결합하여 자궁내막 손상이나 난소 반응 같은 난임 관련 문제를 더 정확하게 진단하는 연구도 진행 중이다(Li et al., 2025).

한편 딥러닝은 환자의 임상 정보(나이, BMI 등)와 호르몬 변화 패턴 등을 종합 분석하여 맞춤형 난소 자극 치료 계획을 세우는 데도 활용되고 있다. 이를 통해 치료 성공률을 높이면서도 부작용은 줄이는 최적의 치료법을 찾아가고 있다(Kong et al., 2025).

자연어 처리: 의료 기록을 이해하고 소통하는 AI

자연어 처리(Natural Language Processing, NLP)는 컴퓨터가 인간의 언어를 이해하고 해석하며 생성할 수 있도록 하는 AI 기술이다. 이 기술은 텍스트와 음성 데이터를 분석하여 의미를 파악하고, 문장 구조를 이해하며, 문맥에 맞는 적절한 반응을 생성한다. 자연어 이해

(NLU)와 자연어 생성(NLG)이라는 두 가지 주요 기능을 통해 사람과 기계 간 자연스러운 의사소통을 가능하게 만든다.

난임 분야에서 자연어 처리의 대표적인 활용 사례는 환자의 복잡한 임상 기록을 자동으로 분석하는 것이다. 예를 들어, 중국에서는 전자 의무 기록(EMR)에서 조기 난소 기능 저하를 자동으로 찾아내고 의료진의 진단을 지원하는 시스템이 개발되었다. 이 시스템은 호르몬 수치와 초음파 검사 결과 등 텍스트 기반 데이터를 추출하고 분석하여 조기 난소 기능 저하 위험을 평가하는 데 기여한다(Cai et al., 2023).

최근에는 ChatGPT와 같은 대규모 언어 모델이 난임 환자 상담에서 전통적 대면 상담을 보완하는 역할을 하고 있다. 물론 이러한 AI 도구들은 진단 및 치료 결정의 보조 수단으로 사용되며, 최종적인 임상 판단은 여전히 전문 의료진의 몫이다. 일부 연구에서는 대형 언어 모델이 체외 수정 후 임신 성공 확률 예측을 지원하는 시도도 이루어지고 있다. 이처럼 NLP는 난임 진단과 상담, 치료 결정 지원뿐만 아니라 환자의 심리적 웰빙 지원 분야까지 점차 적용 영역을 넓혀가고 있다.

로보틱 프로세스 자동화: 반복 업무를 대신하는 디지털 일꾼

로보틱 프로세스 자동화(Robotic Process Automation, RPA)는 사람이 반복적으로 수행하는 규칙 기반의 작업을 컴퓨터 소프트웨어가 자동으로 실행하는 기술이다. 최근에는 AI 기술과 결합되어 더욱 지능적인 자동화를 구현하고 있으며, 사람의 개입을 최소화하여 업무를 빠르고 정확하게 처리하는 것이 특징이다. 난임 치료 현장에서는 다음과 같은 분야에서 활용되고 있다.

첫째, 행정 업무 자동화다. 예약 일정 관리, 치료 진행 상황 추적, 검사 결과 보고 같은 반복적인 업무를 자동화하여 인적 오류를 줄이고 업무 속도를 높인다. 이는 의료진이 환자 치료에 더 집중할 수 있는 환경을 조성하며, 의료 현장의 디지털 혁신에 중요한 기여를 하고 있다.

둘째, 체외 수정 실험실의 운영 자동화다. AI와 결합된 자동화 시스템은 인큐베이터, 현미경, 냉동 보존 장비 등 주요 장비를 실시간으로 모니터링하여 안정성과 효율성을 높인다(More et al., 2025). 구체적으로는 배아 배양, 추적, 동결 프로세스의 일부가 자동화되어 오류를 감소시키고 체계적인 기록 관리를 가능하게 한다. 또한 온도나 습도 같은 환경 조건을 실시간으로 감시하고, 환자 검체를 자동으로 식별하고 추적하는 시스템은 실험실의 안전성 향상에 기여한다. 나아가 환자 치료 데이터를 분석해 적절한 시술 시점을 예측하는 등 실험실의 인력과 장비, 공간 배분을 최적화하고 있다.

셋째, 로보틱스와의 통합이다. AI 기반 자동화가 로봇 시스템과 결합되어 정자 선별, 배아 핸들링, 세포질 내 정자 주입(ICSI) 시술의 일부 단계를 자동으로 수행하는 시범 사례가 나타나고 있다. 특히 AI는 정자 선별 과정과 로봇의 정밀한 조작을 지원하여 시술의 정확도를 높이는 데 기여한다(Dhar & Tomar, 2025). 현재 미세 유체 공학, AI, 로보틱스를 통합한 완전 자동화 시스템 개발이 활발히 진행되고 있으며, 이는 난임 치료 과정 전체의 혁신 가능성을 보여 주고 있다.

AI가 만드는 맞춤형 난임 치료

이러한 다양한 AI 기술들이 난임 치료에 실제로 어떻게 적용되는지 구체적으로 살펴보면 그 역할을 명확히 알 수 있다.

특히 여성 난임 치료 분야에서 AI의 발전 속도가 매우 빠르게 나타나고 있다. AI는 호르몬 검사에서 단순히 수치만 확인하는 것이 아니라 월경 주기 동안 호르몬이 어떻게 변하는지 패턴을 종합적으로 분석한다. 이를 통해 배란 이상이나 황체기 문제 같은 이상 신호를 조기에 발견할 수 있게 되었다. 특히 피부 온도, 심박수 등 일상적으로 측정 가능한 생체 신호를 호르몬 데이터와 함께 분석하면, 병원 검사 수준의 정확도로 배란일을 예측할 수 있다. 착상을 평가하는 과정도 크게 개선되었다. AI는 초음파 영상을 분석해 자궁내막의 두께는 물론, 사람 눈으로는 구별하기 어려운 미세한 조직 변화까지 정확히 측정한다. 특히 주목할 만한 것은 자궁내막증 진단이다. 가임기 여성의 약 10%에게 나타나는 이 질환은 평균 7~10년의 진단 지연이 문제였으며, 확진을 위해서는 복강경 수술과 조직 검사가 필요했다. 그러나 최근 연구에 따르면 AI가 82~85%의 정확도로 자궁내막증을 예측할 수 있어, 수술로 하는 검사 없이도 조기 진단할 수 있다고 한다(Snyder et al., 2025). 기존의 주관적 평가 방식과 달리, AI는 일관되고 객관적인 기준으로 자궁 상태를 평가하여 진단의 신뢰성을 크게 높이고 있다.

남성 난임 치료에서도 AI의 역할이 커지고 있다. 일본 도호대학교(Toho University) 연구팀은 3600명 이상의 데이터로 AI를 학습시킨 결과, 혈액 속 호르몬 정보만으로도 남성 난임 위험을 약 74% 정확도로 예측할 수 있었다. 특히 정자가 거의 만들어지지 않는 중증 난임의 경우에는 정확도가 100%에 달했다(Kobayashi et al., 2024). 현재 많은 병원에서는 현미경 영상과 AI를 결합해 정자의 수, 형태, 운동성, DNA 손상 정도를 자동으로 분석하고 있다. 일부 연구팀은 이 기술을 휴대용 기기로 발전시켜, 집에서도 정자 상태를 확인할 수 있는 검사 기술을 개발 중이다(Kim et al., 2022).

진단뿐 아니라 치료 과정에서도 AI는 빠르게 발전하고 있다. 개인 맞춤 치료의 핵심은 유전적 특징과 호르몬 반응의 차이를 반영하는 것이다. 예를 들어, 다낭성 난소증후군 환자들은 배란 유도 주사에 대한 반응이 다양하며, 특정 유전자 변이에 따라 약물 반응이나 부작용 발생 가능성이 다르다(Yumiceba et al., 2020). AI는 환자의 유전자, 호르몬, 생활 습관 데이터를 종합 분석해 가장 적합한 약물과 용량을 찾아낸다. 또한 호르몬 변화를 실시간으로 모니터링해 주사 용량을 정밀하게 조정함으로써 난소 과자극증후군 같은 부작용을 예방한다.

AI는 과거에는 발견하지 못했던 치료 전략도 제시한다. 예를 들어 AI는 난포 크기, 호르몬 수치, 과거 시술 기록을 종합 분석해 중간 크기 난포까지 배란을 유도하면 임신 성공률이 높아진다는 사실을 밝혀냈다. 또한 AI가 환자의 호르몬 수치와 난소 반응성, 과거 체외 수정 기록을 분석해 주사 용량과 시기를 조정한 결과, 체외 수정 성공률을 20% 이상 높였다는 연구 결과도 있다(이유경, 2025).

치료 과정을 모니터링하는 데도 AI가 중요한 역할을 한다. 혈액 속 호르몬 변화를 실시간으로 분석해 치료가 제대로 진행되고 있는지 확인하고, 배아를 이식할 때는 자궁 내 최적의 위치와 깊이를 안내해 시술 성공률을 높인다. 나아가 수만 명의 생활 습관, 식습관, 운동량, 질병 이력 등을 종합적으로 분석하여 난임과 관련된 새로운 위험 요인들을 지속적으로 발굴하고 있다.

통합 AI 플랫폼이 그리는 미래

머신러닝, 딥러닝, 자연어 처리, RPA 등 AI 기술들은 각자의 영역에서 빠르게 발전해 왔다. 머신러닝은 수치 데이터를 분석하고, 딥러닝은 초음파나 타임랩스 같은 의료 영상을 정밀하게 판독하며, 자연어 처리는 의무 기록과 상담 텍스트를 이해하는 방식으로 의료 현장에 도입되었다.

최근에는 이러한 개별 기술들이 하나의 통합 플랫폼으로 결합되는 추세다. 특히 파운데이션 모델(foundation model)이라는 새로운 접근법이 주목받고 있다. 이는 각

작업마다 처음부터 모델을 만드는 대신, 거대한 데이터로 '기본 두뇌'를 먼저 구축한 뒤 작업별로 미세 조정을 거쳐 다양한 임상 업무에 활용하는 방식이다(Rajendran et al., 2025).

난임 분야에서도 이러한 통합적 접근이 활발히 시도되고 있다. 배아 타임랩스 영상, 초음파, 임상 데이터를 함께 학습한 파운데이션 모델을 기반으로 임신 가능성 예측, 배아 선별, 치료 전략 추천 등 다양한 작업을 하나의 플랫폼에서 수행할 수 있게 되었다. 여기에 멀티모달 AI가 더해져 이미지, 영상, 임상 데이터 등 서로 다른 형태의 정보를 종합적으로 분석하고, 대규모 라벨 없는 데이터를 자가 지도 학습으로 처리해 진단 정확도를 높이고 있다.

실제 임상 현장에서 이러한 통합 AI 시스템이 작동하는 모습을 보면 그 효과가 분명하다. 환자가 병원을 방문하면 자연어 처리가 병력과 의료 기록을 분석하고, 컴퓨터 비전이 초음파와 배아 이미지를 판독하며, 머신러닝이 혈액 검사와 호르몬 수치를 해석한다. 동시에 RPA(로보틱 프로세스 자동화)가 진료 기록 관리, 검사 일정 조율, 환자 상담 예약 등 행정 업무를 자동화해 의료진이 환자 치료에 더 집중할 수 있도록 돕는다.

이처럼 다양한 AI 기술들이 긴밀히 연계되면서 환자 맞춤형 정밀 의료가 현실이 되고 있다. AI는 수만 명의 생활 습관, 식습관, 운동량, 질병 이력을 종합 분석해 난임과 관련된 새로운 위험 요인을 지속적으로 발굴하고, 병원 간 진료 기준 차이도 줄여나가고 있다. 이러한 발전은 난임 치료 성공률을 높이고 치료 기간을 단축시키며, 궁극적으로 난임 부부들에게 더 큰 희망과 가능성을 제공하고 있다.

참고문헌

이유경(2025). "산부인과 영역에서의 인공지능 활용과 도전". 《Journal of the Korean Medical Association》, 68(3), 169~174쪽.

Cai, J. et al.(2023). RegEMR: A natural language processing system to automatically identify premature ovarian decline from Chinese electronic medical records. *BMC Medical Informatics and Decision Making, 23*(1).

Dhar, S. & Tomar, A.(2025). Automation and robotics in IVF laboratories: Advancing precision and efficiency. *Online Journal of Gynecology, Obstetrics and Maternity Care, 7*(1), 180050.

Kim, K. S. et al.(2022). Ability and accuracy of the smartphone-based O'VIEW-M® sperm test: Useful tool in the era of Covid-19. *PLoS ONE, 17*(6), e0269894.

Kobayashi, H. et al.(2024). A new model for determining risk of male infertility from serum hormone levels, without semen analysis. *Scientific Reports, 14*, 17079.

Kong, N. et al.(2025). Deep learning–based prediction of individualized real–time FSH doses in GnRH agonist long protocols. *Journal of Translational Medicine, 23*, 545.

Li, B. et al.(2025). Visualized hysteroscopic artificial intelligence fertility assessment system for endometrial injury: An image–deep–learning study. *Annals of Medicine, 57*(1), 2478473.

Liu, L. et al.(2022). Machine learning–based modeling of ovarian response and the quantitative evaluation of comprehensive impact features. *Diagnostics, 12*(2), 492.

More, A. et al.(2025). The integration of artificial intelligence in in vitro fertilization: A comprehensive narrative review. *Journal of Pharmacy & Bioallied Sciences, 17*(Suppl 1), pp.S155~S158.

Rajendran, S. et al.(2025). A foundational model for in vitro fertilization trained on 18 million time–lapse images. *Nature Communications, 16*, 6235.

Salih, M. et al.(2025). Deep learning classification integrating embryo images with associated clinical information from ART cycles. *Scientific Reports, 15*, 17585.

Snyder, D. L. et al.(2025). Utilizing artificial intelligence: Machine learning algorithms to develop a preoperative endometriosis prediction model. *Journal of Minimally Invasive Gynecology, 32*(9), pp.784~792.

Wang, J. et al.(2025). A deep learning approach to understanding controlled ovarian stimulation and in vitro fertilization dynamics. *Scientific Reports, 15*, 7821.

Yumiceba, V. et al.(2020). Oncology and pharmacogenomics insights in polycystic ovary syndrome: An integrative analysis. *Frontiers in Endocrinology, 11*, 585130.

04
정밀 진단의 시작: AI와 데이터 분석

시험관 시술을 비롯한 난임 치료 기술의 발전으로 수많은 부부가 희망을 갖게 되었다. 하지만 원인을 알 수 없는 난임은 여전히 존재하며, 치료 효과도 사람마다 차이가 크다는 한계가 있다. 이러한 상황에서 AI와 빅데이터가 난임 치료의 새로운 가능성을 열고 있다. 방대한 의료 데이터 속에서 미묘한 패턴을 찾아내고, 배아 상태는 물론 호르몬 변화와 생활 습관까지 종합적으로 분석해 개인 맞춤형 치료를 가능하게 하고 있다.

청각장애인과 AI?

난임 치료의 발전과 현재의 한계

난임 치료 기술, 특히 시험관 시술의 발전 덕분에 많은 부부가 새로운 희망을 갖게 되었다. 1978년 세계 최초 시험관 아기가 태어난 이후 약 40년간 전 세계에서 1300만 명 이상이 시험관 시술을 통해 태어났다(Adamson et al., 2025).

그러나 이러한 눈부신 성과에도 불구하고, 현재의 치료법은 여전히 근본적인 한계를 안고 있다. 무엇보다 사람마다 다른 신체 특성을 충분히 고려하지 못한다는 점이 가장 큰 문제다. 같은 나이에 동일한 진단을 받았더라도 유전적 특징, 자궁 상태, 염증 정도, 생활 습관, 스트레스 수준에 따라 치료 결과는 크게 달라질 수 있다. 약물에 대한 반응이나 배아 이식의 최적 시기 역시 개인마다 다르다.

진단 과정에서도 한계가 드러난다. 여성은 배란 기능, 나팔관 개통 여부, 호르몬 수치, 자궁 구조 등을 검사하고, 남성은 정자의 수, 운동성, 형태 등을 확인한다. 하지만 이 모든 검사에서 정상 판정을 받고도 임신이 되지 않는 '원인 불명 난임'이 전체의 약 26%를 차지한다(한국보건사회연구원, 2023).

현재의 검사 방법으로는 난임에 영향을 미치는 수많

은 요인들을 모두 파악하기가 사실상 불가능하다. 자궁 내막의 착상 능력, 배아의 미세한 발달 과정, 면역학적 상호작용 같은 요인들은 정확한 수치로 측정하기 어렵지만, 임신 성공 여부를 좌우하는 경우가 많다. 배아 평가 역시 전문가가 현미경으로 직접 관찰하는 방식에 의존하다 보니 의사나 병원마다 평가 결과가 달라질 수 있다는 문제가 있다.

여기에 시간적 부담도 만만치 않다. 대형 병원에서 첫 진료부터 각종 검사를 거쳐 실제 치료를 시작하기까지 평균 2~3개월이 소요되며, 이 기간 동안 부부들은 심리적 · 경제적 부담을 동시에 짊어지게 된다.

AI가 여는 맞춤형 난임 치료의 새로운 가능성

이러한 난임 치료의 근본적인 한계를 극복하기 위해 최근 의료계는 AI와 빅데이터 기술에 주목하고 있다. AI의 진정한 강점은 단순한 연산 속도나 데이터 처리 능력을 넘어선다. 사람이 놓치기 쉬운 미묘한 패턴과 상관관계를 발견하고, 방대한 의료 데이터를 다차원적으로 분석할 수 있다는 점이 핵심이다.

AI는 수많은 환자의 데이터를 학습하여 일정한 패턴을 찾아낸다. 예를 들어 "30대 초반 여성이 특정 호르몬 수치를 보이면서 양질의 배아를 가진 경우, 임신 성공률이 약 70%에 달한다"는 식의 규칙을 스스로 발견한다. 새로운 환자가 방문하면 이러한 규칙을 적용해 임신 가능성을 예측하고, 실제 결과와 비교하면서 예측 정확도를 지속적으로 향상시킨다.

이처럼 AI 기술은 기존의 획일적인 치료 방식에서 벗어나 개인별 특성을 고려한 진정한 맞춤형 치료를 가능하게 만들고 있다. 최신 기술과 연구 성과에도 불구하고 극복하지 못했던 난임 치료의 한계가 AI를 통해 새로운 해결책을 찾고 있는 것이다.

빅데이터 분석으로 찾아내는 숨겨진 패턴

무엇보다 AI는 여러 검사 결과를 종합적으로 분석할 수 있다는 점에서 기존 방식과 차별화된다. 기존의 의료 시스템에서는 각 분야의 전문가가 독립적으로 평가를 진행했다. 호르몬 검사는 내분비 전문의가, 배아의 형태는 배아 연구원이, 자궁과 난소의 구조적 문제는 영상의학 전문의가 각각 따로 살펴봤다.

반면 AI는 이 모든 정보를 동시에 분석한다. 마치 복잡한 퍼즐 조각을 맞추듯이 혈액 검사, 초음파 영상, 배아 사진, 자궁내막 조직 검사, 과거 임신 시도 이력 등 서로 다른 차원의 데이터들 사이에서 숨겨진 연관성을 찾아낸다. 더 놀라운 점은 개별 검사에서는 모두 정상 범위에 속하지만, 여러 지표를 종합적으로 봤을 때만 드러나는 미묘한 불균형이나 문제점까지 포착할 수 있다는 것이다.

난임 클리닉에서는 매일 다양한 의료 데이터가 생성된다. 하루에만 다수의 배아 이미지가 촬영되고, 각종 혈액 검사와 초음파 검사가 이루어진다. AI는 이 모든 데이터를 동시에 분석하면서 의료진이 놓치기 쉬운 미묘한 패턴을 발견한다.

구체적으로 AI는 먼저 배아 사진을 분석해 형태와 크기는 물론, 세포가 분열하는 속도까지 정밀하게 측정한다. 동시에 호르몬 수치가 시간에 따라 어떻게 변화하는지 추적하여 난소 기능과 배란의 정상 여부를 파악한다. 여기에 정자의 상태, 자궁내막의 두께, 난포의 성장 속도 같은 임상 데이터도 함께 살펴본다. 마지막으로 환자의 나이, 체중, 과거 임신 경험, 심지어 운동량이나 식습관 같은 생활 패턴까지 모두 종합해서 분석한다.

이렇게 방대한 데이터가 쌓이면서 AI는 점점 더 정확해진다. 이러한 통합 분석의 효과는 여러 연구를 통해 입증되고 있다. 최근 미국과 유럽의 연구팀들은 배아 사진만 보고 임신 가능성을 예측하는 AI보다 환자의 나이, 호르몬 수치, 자궁 상태, 과거 시술 경험 같은 임상 정보까지 함께 분석하는 AI가 훨씬 더 정확하다는 것을 밝혀냈다. 배아 사진만 활용한 AI는 약 70% 수준의 정확도를 보였지만, 임상 정보를 함께 분석한 AI는 90% 이상의 예측력을 보여 주었다. 결국 배아의 겉모습만 보는 것보다 환자의 전반적인 건강 상태를 함께 고려해야 임신 성공 가능성을 더 정확하게 예측할 수 있다는 뜻이다(Salih et al., 2025; Ouyang & Wei, 2025).

일본 도쿄대 연구팀은 난임 치료 환자의 혈액 검사 데이터와 문진 정보를 AI에 적용해 난소 기능을 정밀하게 예측하는 시스템을 개발했다. 이를 통해 난임 원인을 조기에 발견하고 맞춤형 치료 전략을 수립할 수 있게 되어, 환자 개개인에게 최적화된 치료가 현실화될 것으로 기대된다(Findikli et al., 2025). 영국의 케어 퍼틸리티(Care Fertility) 클리닉은 6만 개 이상의 배아 발달 데이터로 학습한 AI를 활용해 각 배아의 생존 가능성과 출산 가능성을 1점부터 10점까지 점수로 매기는 시스템을 운영한다. 이를 통해 임신 성공률을 크게 높이고 있다. 이러한 정밀한 평가를 바탕으로 가장 건강한 배아를 선별함으로써 임신 성공률을 크게 높이고 있다(Care

Fertility, 2025).

AI는 생활 습관 데이터도 놓치지 않는다. 실제로 6800명의 난임 여성을 대상으로 체질량 지수, 음주, 흡연, 운동량 등을 분석한 연구에서는 생활 습관과 비만이 임신 가능성에 큰 영향을 미친다는 사실이 밝혀졌다(김민영 · 한규은, 2021). AI가 이러한 데이터를 분석하면 개인별로 더 정확한 생활 습관 개선 가이드를 제공할 수 있다.

개인 맞춤형 예측과 실시간 치료 최적화

AI의 진정한 가치는 환자 한 사람 한 사람에게 맞춤형 치료를 제공할 수 있다는 점이다. 예를 들어 35세 여성이 1년 반 동안 자연 임신을 시도했지만 실패했다고 가정해 보자. AI는 이 환자와 비슷한 조건을 가진 수천 명의 데이터를 찾아 비교 분석한다. 그 과정에서 AI는 이 환자의 특별한 점을 발견할 수 있다. 배아 세포 분열 속도가 평균보다 약간 느리고, 자궁내막의 혈류 패턴에 미세한 불균형이 있다는 것을 찾아낸다. 이러한 정보를 종합해 "현재 상태로는 임신 성공률이 낮지만, 자궁내막 상태를 개선한 후 시도하면 성공 가능성이 크게 높아질 것"이라는 구체적인 조언을 제시한다. 의료진은 이를 기반으로 배아 이식 전 자궁내막을 먼저 치료하고, 발달 속도와 품질이 가장 높은 배아를 우선 이식하는 맞춤형 전략을 세울 수 있다.

더욱 놀라운 것은 AI가 치료 과정을 실시간으로 모니터링하고 조정할 수 있다는 점이다. 내비게이션이 실시간 교통 정보를 반영해 최적 경로를 안내하듯, AI는 환자의 호르몬 변화를 계속 추적하면서 약물 투여량과 시기를 조절한다.

시험관 아기 시술 중에는 배란을 유도하는 호르몬 주사를 맞는데 사람마다 필요한 양이 다양하다. 너무 적으면 효과가 없고, 너무 많으면 난소 과자극증후군 같은 부작용이 생길 수 있다(차병원, 2021). AI는 매일 변화하는 혈액 검사 수치와 초음파로 관찰한 난포 크기를 종합 분석해서 그날그날 최적의 약물 용량을 계산한다. 만약 과도한 호르몬 반응이 감지되면 즉시 경고를 보내 의료진이 신속하게 대응할 수 있도록 돕는다.

여러 개의 배아 중 어느 것을 먼저 이식할지 결정할 때도 AI의 도움이 크다. 단순히 겉모습만 보는 것이 아니라 발달 속도, 세포 균일성, 환자의 자궁 상태 등을 종합적으로 고려해 가장 성공 가능성이 높은 순서를 정해 준다. AI는 치료를 거듭하면서 각 환자의 반응 패턴을 학습해 점점 더 정확한 예측을 하게 된다. 처음에는 일반적인 치료 지침을 따르지만, 시간이 지나면서 해당 환자만의 특성을 파악해 마치 전담 주치의처럼 세심한 맞춤 치료를 제공할 수 있게 된다.

앞으로는 AI가 치료 전 과정을 자동으로 관리하는 통합 시스템도 개발될 것이다. 환자가 병원에 오면 AI가 검사 결과를 실시간으로 분석해 약물 처방을 자동 조절하고, 최적의 다음 내원 일정을 산출한다. 집에서도 스마트폰 앱으로 건강 상태를 모니터링하는 스마트 의료 시대가 곧 현실이 될 전망이다.

물론 AI가 모든 것을 해결할 수는 없다. AI가 발견한 패턴이 실제로 의학적 의미가 있는지는 반드시 전문가의 검증이 필요하다. 때로는 AI가 우연한 상관관계를 중요한 인과관계로 잘못 해석할 수도 있기 때문이다.

따라서 AI는 의료진을 대체하는 것이 아니라 든든한 조력자로서 함께 한다. 의료진의 경험과 직관, 그리고 AI의 정밀한 데이터 분석 능력이 조화를 이룰 때 최적의 치료가 가능해진다. AI는 의료진이 미처 보지 못한 신호를 찾아내고, 의료진은 그 신호의 의미를 해석하고 환자에게 적용한다.

난임 치료 분야에서 AI와 빅데이터는 이미 의미 있는 변화를 이끌어내고 있다. 원인을 알 수 없었던 난임의 퍼즐이 하나둘 맞춰지고, 개인 맞춤형 치료를 통해 임신 성공률도 꾸준히 향상되고 있다. 기술과 의학의 만남이 새로운 생명의 가능성을 넓혀가고 있는 것이다.

참고문헌

김민영·한규은(2021). "생활 요인이 난임 여성의 2년 이내 출산 횟수에 미치는 영향". 《Journal of Health Informatics and Statistics》, 46(3), 309~314쪽.

차병원(2021). "과배란 주사 맞은 뒤 배가 빵빵하고 숨쉬기 힘들어요: 난소 과자극 증후군". CHA매거진.

한국보건사회연구원(2023). "난임시술 현황과 대응과제".

Adamson, G. D. et al.(2025). How many infants have been born with the help of assisted reproductive technology?. *Fertility and Sterility, 124*(1), pp.40~50.

Care Fertility(2025). "How we select your best embryos with Caremaps-AI®". Care Fertility Blog.

Findikli, N. et al.(2025). The role of artificial intelligence in female infertility diagnosis: An update. *Journal of Clinical Medicine, 14*(9), 3127.

Ouyang, X. & Wei, J.(2025). Multi-modal artificial intelligence of embryo grading and pregnancy prediction in assisted reproductive technology: A review. arXiv preprint arXiv:2505.20306.

Salih, M. et al.(2025). Deep learning classification integrating embryo images with associated clinical information from ART cycles. *Scientific Reports, 15,* 17585.

05
AI가 바꾸는 배아 선별과 체외 수정

난임 치료의 핵심인 배아 선별은 오랫동안 전문가의 주관적 판단에 의존해 왔다. 현미경을 통한 육안 평가는 정확도가 낮을 뿐 아니라 염색체 이상을 감지하지 못해 시술 실패로 이어졌다. 그러나 AI 기술의 등장으로 이러한 한계가 극복되고 있다. AI 기반 배아 선별 시스템은 임신 성공률을 획기적으로 높이고 있으며, 환자 맞춤형 데이터와 결합하여 정밀 의료의 새로운 가능성을 보여 주고 있다. AI는 배아 선별의 패러다임을 바꾸고 있다.

AI 콘텐츠 크리에이터?

배아 선별의 어려움과 한계

많은 난임 부부에게 희망이 되는 체외 수정의 성공률은 36.9% 정도에 머물고 있다(건강보험심사평가원, 2025). 성공률이 높지 않은 이유는 여러 가지가 있지만, 특히 건강한 배아를 고르는 배아 선별 과정이 매우 어렵기 때문이다.

지금까지 배아를 선별하는 방법은 주로 전문가가 현미경으로 배아를 직접 관찰하는 것이었다. 배아의 모양이나 세포가 나뉘는 모습을 보고 등급을 매기는 방식인데, 아무래도 사람의 판단에 의존하다 보니 한계가 있을 수밖에 없다. 같은 배아를 보고도 전문가마다 다르게 평가할 수 있고, 심지어 한 사람이 봐도 그날의 컨디션에 따라 판단이 달라질 수 있다. 배아 연구원이 타임랩스 영상으로 세포 분열 속도와 모양을 평가하고도 있지만, 시간이 오래 걸리고 주관적이라는 문제는 여전하다.

현재의 방법은 한 순간의 모습만 보고 판단한다는 문제도 있다. 마치 아이의 성장을 단 한 장의 사진으로만 평가하는 것과 같다. 배아가 시간에 따라 어떻게 변화하고 발달하는지는 알 수 없는 것이다. 또한 겉으로는 멀쩡해 보여도 염색체에 문제가 있는 배아들이 있는데, 이런 배아들은 현미경 관찰만으로는 파악하기 어렵다. 그래서 배아를 이식했다가 실패하거나 유산되고 나서야 문제를 알게 되는 경우도 많다.

이러한 배아 선별의 어려움은 결국 난임 부부에게 큰 경제적 · 정신적 부담으로 이어진다. 한 번 시술하는 데 수백만 원이 들고, 호르몬 주사를 맞고 난자를 채취하는 과정도 몸에 큰 부담이 된다. 그럼에도 실패를 반복하면서 여러 번 시도하는 부부들이 많고, 그 과정에서 받는 스트레스는 이루 말할 수 없을 정도다.

AI가 가져온 배아 선별의 혁신

이런 상황에서 AI 기술이 새로운 변화를 만들어 내고 있다. AI는 사람의 눈으로는 볼 수 없는 미세한 차이까지 찾아낼 수 있기 때문이다.

예를 들어, 전문가들은 주로 배아의 전체적인 모양이나 세포 개수 정도를 보고 판단하지만, AI는 훨씬 더 많은 것을 본다. 사진의 밝기 변화, 색의 미묘한 차이, 세포 하나하나의 윤곽선, 세포 안의 내용물이 어떻게 분포되어 있는지, 핵의 위치는 어떤지 등 수십 가지 요소를 수치화해 종합적으로 분석한다. 사람이 보기에는 똑같아 보이는 배아라도 AI가 보면 배아막의 두께가 조금 다르거나 세포들이 모여 있는 밀도가 다른 것을 정확히 구별해 낸다.

더 놀라운 건 AI가 우리가 몰랐던 새로운 지표들을 발견했다는 점이다. 대표적인 사례가 바로 '분열 동기화 패턴'이다. 건강한 배아는 세포들이 일정한 간격으로 거의 동시에 분열하지만, 염색체에 이상이 있는 배아는 세포가 불규칙하게 나뉜다. 한 연구에서 AI가 타임랩스 영상을 분석한 결과, 정상 배아에서는 동기화된 분열 패턴이 나타나고 염색체 이상 배아에서는 비동기적이고 불규칙한 패턴이 나타난다는 사실을 확인했다. 이는 AI가 단순히 현재 상태를 평가하는 것을 넘어 발달 가능성과 착상 가능성을 예측할 수 있음을 보여 준다(Sharma et al., 2025). 또한 AI는 세포 안의 작은 알갱이들이 고르게 퍼져 있는 배아는 착상과 임신 가능성이 높았지만, 한쪽으로 치우쳐 있는 배아는 착상 실패 확률이 높았다는 것도 알아냈다. 배아 연구원이 현미경으로 관찰할 때는 놓치기 쉬운 이런 미세한 특징을 AI가 방대한 영상 데이터를 학습하면서 새로운 예측 지표로 찾아낸 것이다(전자신문, 2025).

AI의 분석 능력은 정지 이미지에 한정되지 않는다. 타임랩스 영상 기술과 결합하면 그 효과는 더욱 커진다. 최신 배양기에는 카메라가 달려 있어서 5~20분마다 자동으로 사진을 찍는데, 이렇게 찍은 수백 장의 사진을 이어 보면 배아가 자라는 과정을 동영상처럼 볼 수 있다. 사람이 이 모든 영상을 일일이 보는 건 불가능하지만, AI는 순식간에 분석해서 세포가 언제 나뉘고, 얼마나 규칙적으로 나뉘는지 정확히 계산한다.

AI가 배아를 분석하는 과정을 좀 더 자세히 들여다보면, 먼저 촬영된 이미지의 품질을 개선하고 배아를 정확히 인식하는 것부터 시작한다. 그다음 딥러닝이라는 기술을 사용해서 배아의 모양, 질감, 움직임 등 수많은 특징을 뽑아낸다. 마지막으로 이미 임신에 성공했거나 실패했던 수만 개의 배아 데이터와 비교해서 이 배아가 얼마나 건강한지, 임신 가능성은 얼마나 되는지 점수로 나타낸다. 과거에는 배아를 A, B, C 같은 등급으로만 나눴다면, AI는 0~10처럼 연속적인 점수를 줄 수 있어서 훨씬 정밀한 평가가 가능하다.

이러한 AI 기술은 이미 전 세계 난임 클리닉에서 실제로 활용되고 있다. 라이프 위스퍼러(Life Whisperer)의 AI 배아 선별 시스템은 2023년 일본 Takahashi Women's Clinic의 임상시험에서 한 장의 배아 사진만으로 임신 성공 가능성을 정확히 예측했다(Life Whisperer, 2023). 스페인의 'METAPHOR' 기술은 AI와 특수 현미경을 이용해 배아와 난자의 건강 상태를 평가한다. 이 시스템은 배아의 생화학 신호를 3D 영상으로 시각화하여, 기존 방법보다 약 두 배 이상 높은 정확도로 건강한 배아를 선별하고, 난자의 나이와 건강 상태를 96%의 정확도로 분석한다(Parra et al., 2024). 미국 웨일 코넬 의대 연구진 역시 약 2000개의 타임랩스 데이터를 분석해 산모 나이와 함께 배아의 염색체 정상 여부를 76% 정확도로 예측하는 AI 모델을 개발했다(Rajendran et al., 2024). 국내에서도 분당서울대병원 연구팀이 자체 AI를 통해 임신 예측률을 37%에서 65%로 향상시키는 성과를 보였다(YTN 사이언스, 2025).

이처럼 AI 기반 배아 선별은 전문가의 주관적 판단을 보완하고, 객관적 데이터 중심의 정밀한 평가를 구현하고 있다. 이는 임신 성공률을 높이는 동시에 난임 부부의 신체적 · 정신적 · 경제적 부담을 줄이고 있으며, 향후 더 많은 임상 데이터 축적과 기술 발전으로 정확도는 계속 향상될 전망이다.

AI 배아 선별의 미래와 가능성

이제 AI는 단순히 배아 사진만 보는 수준을 넘어서고 있다. 앞으로는 배아뿐만 아니라 부모의 유전 정보, 건강 상태, 호르몬 수치 같은 다양한 정보를 종합적으로 분석하게 될 것이다. 그렇게 되면 각 환자에게 딱 맞는 맞춤형 치료가 가능해진다. 언제 호르몬 주사를 맞아야 하는지, 언제 난자를 채취하면 좋을지, 배아를 언제 이식하면 가장 성공 가능성이 높을지까지 AI가 알려줄 수 있게 되는 것이다.

최근에는 배아를 직접 건드리지 않고도 염색체에 이상이 있는지 확인할 수 있는 기술이 개발되고 있다. 예전에는 배아에서 세포를 떼어내 검사해야 했지만, 이제는 배양액 속에 흘러나온 DNA와 배아의 성장 과정을 담은 사진 · 영상만으로도 높은 정확도로 건강한 배아를 가려낼 수 있다. 덕분에 배아에 손상을 주지 않으면서도 임신 가능성이 높은 배아를 선택할 수 있게 된 것이다. 여기에 24시간 동안 배아의 변화를 기록하는 타임랩스 영상과 AI 분석을 더하면, 어떤 배아를 언제 이식하는 것이 가장 좋은지까지 세밀하게 예측이 가능해진다(He et al., 2024).

AI는 병원의 진료 방식도 바꾸고 있다. 의사들은 이제 자신의 경험과 함께 AI의 분석 결과를 참고해서 결정을 내리고, 의사마다 달랐던 치료 방식이 표준화되고 있다. 새로 들어온 연구원들도 AI를 통해 빠르게 실력을 키울 수 있어서, 전 세계적으로 부족한 배아 전문가 문제를 해결하는 데도 기여할 것이다.

더 중요한 것은 AI가 지역 간 의료 격차를 줄이는 데 기여할 수 있다는 점이다. 지금은 선진국의 큰 병원과 개발도상국의 작은 병원 사이에 치료 수준 차이가 크지만, 클라우드 기반 AI 시스템이 보급되면 어디서든 최고 수준의 배아 분석이 가능해진다. 전문가가 없는 지역의 난임 부부들도 똑같은 기회를 가질 수 있게 되는 것이다.

결국 AI 기술은 난임 치료의 판도를 완전히 바꾸고 있다. 전문가도 놓치기 쉬운 미세한 신호들을 찾아내어 가장 건강한 배아를 선택할 수 있게 해 주고, 그 결과 임신 성공률을 높이면서 부부들의 고통을 줄여 주고 있다. 앞으로 기술이 더 발전하고 데이터가 쌓일수록, 난임 치료는 더욱 과학적이고 정밀하며, 누구나 공평하게 받을 수 있는 의료 서비스로 발전해 나갈 것이다.

참고문헌

건강보험심사평가원(2025). "통계로 보는 난임 시술".

전자신문(2025.2.13). "난임 성공률 65%까지 높이는 'AI 배아 분석 기술'… 범부처 의료기기 R&D 사업 선정".

YTN 사이언스(2025.3.10). "사람 눈 대신 AI로 건강한 배아 더 정확히 골라낸다".

He, H. et al.(2024). A novel non–invasive embryo evaluation method (NICS–Timelapse) with enhanced predictive precision and clinical impact. *Heliyon, 10*(9), e30189.

Life Whisperer(2023). Award–winning independent study shows Life Whisperer AI on a single static embryo image has comparable predictability to time–lapse's AI that uses 7900 images.

Parra, A. et al.(2024). METAPHOR: Metabolic evaluation through phasor–based hyperspectral imaging and organelle recognition for mouse blastocysts and oocytes. *Proceedings of the National Academy of Sciences of the United States of America, 121*(28), e2315043121.

Rajendran, S. et al.(2024). Automatic ploidy prediction and quality assessment of human blastocysts using time–lapse imaging. *Nature Communications, 15*, 7756.

Sharma, A. et al.(2025). Deep learning methods to forecasting human embryo development in time–lapse videos. P*LoS ONE, 20*(9), e0330924.

06
AI 기반 호르몬 예측과 최적의 배란 시기 찾기

여성의 배란 예측은 가임력 관리에 필수적이지만, 기존 방법들은 여전히 한계를 보이고 있다. 이러한 상황에서 AI 기반 배란 예측이 새로운 해결책으로 주목받고 있다. AI는 체온, 심박수, 호르몬 수치, 수면 패턴 등 다양한 데이터를 종합적으로 분석해 개인 맞춤형 예측을 제공한다. 특히 배란 전 미세한 신호까지 감지하여 가임기를 정확히 파악할 수 있다. 이는 단순한 배란 예측을 넘어 여성 건강관리의 패러다임 전환을 이끌고 있다.

AI와 민주주의?

기존 배란 예측법의 한계

아이를 갖고 싶은 부부에게 배란 시기를 정확히 아는 것은 매우 중요하다. 배란 시점을 얼마나 정확히 예측하느냐가 임신 성공률을 좌우하기 때문이다.

지금까지 배란일을 예측하는 방법은 여러 가지가 있었다. 가장 오래된 '달력법'은 생리 주기를 28일로 가정하고, 생리 시작 후 14일째를 배란일로 계산하는 방식이다. 하지만 실제로는 생리 주기가 21일에서 35일까지 사람마다 다르고, 스트레스나 체중 변화 같은 일상적인 요인에도 쉽게 영향을 받는다. 그래서 정확도가 떨어질 수밖에 없다(국민건강보험공단, 2019).

'기초체온법'은 배란 전후의 체온 변화를 관찰하여 배란 여부를 추정하는 방법으로, 보통 배란 후 프로게스테론의 영향으로 체온이 약 0.3~0.6°C 상승한다. 다만 체온 상승은 배란이 이미 일어난 뒤에 나타나기 때문에 배란 시점을 미리 예측하기보다는 배란이 끝났음을 확인하는 데 주로 활용된다. 게다가 수면 부족이나 감기 같은 일상적인 변화도 체온에 영향을 주기 때문에 정확한 측정이 어렵다(국민건강보험공단, 2019). 실제로 한 연구에서는 이 방법의 예측 정확도가 22%에 불과한 것으로 나타났다(Steward & Raja, 2025).

현재 가장 많이 사용되는 '배란 테스트기'는 소변에서 황체 형성 호르몬(LH, Luteinizing Hormone)의 변화를 감지한다. 이 호르몬은 배란 24~36시간 전에 급격히 상승하는데, 연구에 따르면 LH 검사만 단독으로 사용할 때는 특이도가 약 91% 수준이지만, 자궁경부 점액 관찰과 병행하면 특이도가 97~99%까지 향상된다(Leiva et al., 2017). 하지만 대부분의 제품은 결과를 '양성' 또는 '음성'으로만 표시하기 때문에, 호르몬이 막 증가하기 시작했는지 아니면 이미 정점을 지나 감소 중인지 구별하기 어렵다. 생리가 불규칙한 여성의 경우 검사 시작 시점을 파악하기 어려워 여러 번 테스트해야 하므로 비용 부담이 커질 수 있다. 특히 다낭성 난소증후군(PCOS)이 있는 여성은 평소에도 LH 수치가 높게 유지되어 실제 배란 시점을 구분하기가 더욱 어렵다(Palmer, 2025).

이런 한계들 때문에 최근에는 AI를 활용한 배란 예측 기술이 주목받고 있다. AI는 체온, 심박수, 호르몬 수치뿐만 아니라 수면 패턴이나 활동량까지 종합적으로 분석한다. 기존 방법들이 '평균적인 여성'을 기준으로 했다면, AI는 각 개인의 고유한 패턴을 찾아낸다. 어떤 여성은 배란 전에 체온이 잠깐 떨어졌다가 오르고, 또 다른 여성은 심박수 변화가 더 뚜렷할 수 있다. AI는 이런 개인차를 학습해서 각자에게 맞는 예측을 제공한다. 무엇보다 배란이 일어나기 전에 미리 알려주기 때문에 가임기를 놓치지 않을 수 있다.

AI 기반 배란 예측 기술의 혁신

기존 배란 테스트는 마치 신호등처럼 '빨강' 또는 '초록', 두 가지 답만 주었다. 그 사이의 미묘한 변화는 알 수 없었다. 반면 AI 기반 배란 예측 기술은 기존보다 더 정밀하게 호르몬 변화를 수치화하여 보여 준다. 지금 호르몬이 증가하고 있는지, 정점인지, 감소 중인지를 알 수 있다.

이 방식의 핵심은 변화의 추세를 읽는 것이다. 예를 들어 어제 호르몬 수치가 10이었는데 오늘 15가 됐다면, AI는 상승 중이라고 판단하고 내일 더 증가할 가능성을 예측한다. 반대로 20에서 15로 떨어졌다면 이미 배란이 지났다고 볼 수 있다. 기존 테스트로는 두 경우 모두 그저 '양성'으로만 나타났을 것이다.

더 중요한 점은 개인별 기준을 설정할 수 있다는 것이다. 한 여성은 평소 LH 수치가 5인데 배란 때는 20까지 오르고, 다른 여성은 15에서 50으로 변할 수 있다. 똑같은 수치 20이라도 누군가에게는 배란 확실 신호지만, 다른 사람에게는 아직 더 기다려야 할 단계일 수 있다. AI

는 이런 개인차를 학습해서 맞춤형 해석을 제공한다.

이런 기술을 구현한 대표적인 제품이 미국의 '미라 퍼틸리티(Mira Fertility)'다. 소변을 묻힌 검사지를 휴대용 분석기에 넣으면, 15분 뒤 스마트폰에서 정확한 호르몬 농도를 확인할 수 있다. 병원 장비 수준인 99%의 정확도를 보이며, 실제로 사용자의 84%가 6개월 안에 임신에 성공했다는 연구 결과도 있다. 미라 퍼틸리티의 AI는 단순히 수치만 보여 주는 게 아니라 매일의 변화를 학습해서 미세한 상승만 감지해도 배란이 임박했음을 알려준다(Medical News Today, 2023).

국내에서는 스타트업 인트인이 개발한 '오뷰'가 있다. 침 한 방울로 배란일을 예측하는 독특한 방식이다. 배란기에는 여성 호르몬인 에스트로겐이 증가하면서 침의 염분이 많아지고, 이것이 마르면 '페른 패턴'이라 불리는 고사리 잎 모양의 독특한 무늬가 나타난다. 예전에는 현미경으로 직접 관찰해야 했지만, 오뷰는 스마트폰 카메라로 찍은 사진을 AI가 자동 분석한다. 렌즈에 침을 떨어뜨려 말린 뒤 사진만 찍으면 된다. 국내 병원 임상시험에서 기존 소변 테스트와 95.1% 일치하는 정확도를 보였다(매일경제, 2024).

더 나아가 일상생활 속에서 자연스럽게 데이터를 수

집하는 방법도 등장했다. 미국 FDA 승인을 받은 웨어러블 기기 'AVA 팔찌'가 대표적이다. 잠자는 동안 팔찌가 피부 온도, 심박수, 호흡 속도 등을 자동으로 측정한다. 배란이 가까워지면 수면 패턴에도 미세한 변화가 생기는데, AVA는 이를 분석해서 임신 가능성이 높은 5일을 예측한다. 매일 체온을 재거나 소변 검사를 할 필요 없이, 그저 잠들기 전 팔찌를 차고 아침에 앱으로 확인하면 된다(Ava, 2021).

이처럼 AI 기반 배란 예측 기술은 여러 면에서 기존 방법을 뛰어넘는다. 정확도는 95~99%에 달하고 개인의 특성을 반영한 맞춤형 예측이 가능하다. 무엇보다 배란 후가 아닌 배란 전에 미리 알려주고, 데이터 수집과 분석이 자동으로 이루어져 훨씬 편리하다.

배란 예측을 넘어 여성 건강 전반으로

AI 기반 배란 예측 기술의 진정한 가치는 단순히 배란일을 알려주는 데 그치지 않는다. 여성 건강과 관련된 다양한 데이터를 하나로 연결해서 종합적인 건강관리를 가능하게 한다는 점이 더 중요하다.

이전에는 배란 예측, 병원 진료, 약 복용, 생활 습관이 각각 따로 관리됐다. 이제는 AI가 이 모든 것을 하나의 플랫폼으로 통합하고 있다. 시간이 지날수록 예측은 더욱 정교해진다. 배란 데이터뿐만 아니라 수면, 운동, 스트레스, 식습관까지 함께 분석하면, AI는 훨씬 정확한 맞춤형 결과를 제공할 수 있다. 예를 들어 평소보다 잠이 부족하고 스트레스가 많다면, AI는 배란이 지연될 가능성을 미리 알려준다. 나아가 생활 습관 개선 방법까지 제안할 수 있다.

병원 진료 현장에서도 큰 변화가 일어나고 있다. 환자는 수개월간 축적된 자신의 건강 데이터를 의사와 함께 확인할 수 있다. 호르몬 변화와 생활 습관, 치료 반응을 객관적인 데이터로 공유하면서, 의사는 더 정확한 진단과 맞춤 치료를 제공하고, 환자도 치료 과정에 적극적으로 참여하게 된다. 이미 많은 생리 주기 추적 앱들이 이런 기술을 활용하고 있다. AI는 사용자의 패턴을 학습해서 스트레스나 여행으로 주기가 불규칙해져도 가임기를 예측한다. 기초체온이나 수면 패턴의 작은 변화도 놓치지 않고 배란 신호를 포착한다.

앞으로 이 기술은 더욱 정밀한 의료 서비스로 발전할 것이다. 일부 기술은 이미 개인별 호르몬 패턴을 학습해서 맞춤형 예측을 제공하고 있다. 미래에는 유전 정보나 건강 기록과 결합해서 최적의 치료 방법까지 제안할 수 있을 것이다. 난임 치료는 물론이고 생리 불순, 다낭성 난소 증후군, 갱년기 관리까지 활용 범위가 넓어질 전망이다.

머지않아 하나의 웨어러블 기기로 배란 주기부터 피임, 임신 관리까지 모든 것을 관리하는 시대가 올지도 모른다. 결국 AI 배란 예측 기술은 여성들이 자신의 몸을 더 잘 이해하고, 필요할 때 전문가의 도움을 받을 수 있도록 돕는 든든한 건강 파트너가 될 것이다.

참고문헌

국민건강보험공단(2019). "생리주기? 배란일? 이렇게 계산하세요!". 건강iN 매거진.

매일경제(2024.1.1). "CES 혁신상 2관왕 '인트인'… 'AI 정자·배란 분석기'로 글로벌 날갯짓".

Ava(2021). Ava announces FDA clearance for Ava fertility tracker. AvaWomen.

Leiva, R. A. et al.(2017). Urinary luteinizing hormone tests: Which concentration threshold best predicts ovulation? *Frontiers in Public Health, 5*, 320.

Medical News Today(2023.8.7). Mira Fertility Tracker Review: How it Works, Alternatives, and More.

Palmer, M.(2025.8.29). Using ovulation tests with PCOS: Can you trust the accuracy?. Inito Blog.

Steward, K. & Raja, A.(2025). Physiology, ovulation and basal body temperature. *StatPearls [Internet]*. StatPearls Publishing. https://pubmed.ncbi.nlm.nih.gov/31536292

07
글로벌 AI 난임 치료 사례와 성공 이야기

전 세계가 저출산 위기에 직면한 가운데 주요국들은 건강보험 확대와 AI 기술 개발을 통해 난임 치료의 새로운 해법을 찾고 있다. 글로벌 기업들은 이미 임상 현장에서 놀라운 성과를 거두고 있으며, AI · 로봇 · 빅데이터를 융합한 플랫폼과 자동화 실험실로 시장 혁신을 주도하고 있다. 실제로 AI 기술로 임신에 성공한 사례도 속속 보고되고 있다. 각국 정부의 정책 지원과 기업들의 기술 혁신이 시너지를 내면서, '데이터 기반 생식의학'이라는 새로운 패러다임이 펼쳐지고 있다.

AI와 애니메이션?

주요국의 난임 정책과 AI 기술 개발

전 세계적으로 난임 치료는 이제 단순한 의료 지원을 넘어서고 있다. 저출산 문제를 해결하려는 국가 정책과 AI 기술이 만나 새로운 혁신을 일으키고 있다. 각국은 AI를 활용해 치료 성공률을 높이는 동시에, 공공 보험 지원을 확대하고 관련 산업을 육성하는 다양한 정책을 추진하고 있다.

일본은 심각한 저출산 문제에 대응하기 위해 2022년 4월부터 체외 수정을 비롯한 주요 난임 치료를 건강보험 적용 대상에 포함시켰다. 민간 보험업계도 이러한 변화에 발맞춰 움직이고 있다. 2016년 일본생명이 난임 치료 보험을 처음 출시한 이후, 2024년에는 미쓰이스미토모 보험이 냉동 난자 손해까지 보장하는 상품을 선보였다(한국보험연구원, 2024). 기술 개발 면에서도 일본은 앞서 나가고 있다. 세계 최초로 인공자궁 기술(Artificial Womb)을 개발했으며(뉴스스페이스, 2025), 주요 대학과 기업들이 AI를 활용한 난임 치료 연구에 적극 투자하고 있다.

1978년 세계 최초의 시험관 아기가 태어난 영국은 난임 치료 분야에서 가장 긴 역사와 체계적인 관리 시스템을 갖춘 나라 중 하나다. '인간수정 및 배아관리청

(HFEA)'은 1991년부터 모든 체외 수정 시술 데이터와 출생 데이터를 수집 · 관리하며, 연구자들이 활용할 수 있는 데이터 공유 플랫폼을 제공하고 있다(HFEA, 2021). 최근 던디대학교(University of Dundee)는 2025년 세계 최초로 AI와 체외 수정 기술을 융합한 석사과정을 개설해 차세대 AI 배아 전문가(AI-embryologists)를 양성하기 시작했다(University of Dundee, 2025).

미국은 여성 건강 기술 분야인 '펨테크(FemTech)'에 대한 투자가 세계에서 가장 활발하다. 2019년 이후 누적 투자액이 50억 달러를 넘어섰으며, 특히 생식 건강 관련 기술에 집중되고 있다(Dealroom.co, 2025). 이러한 투자 덕분에 많은 스타트업이 AI 기반 난임 치료 기술을 개발하고 있다. 배아 이미지를 분석해 임신 가능성을 예측하거나, 환자 데이터를 활용해 시험관 시술 성공률을 높이는 플랫폼들이 병원에서 활용되고 있다(Biopharma Trend, 2025).

호주도 인구는 적지만 AI 난임 연구에서는 세계를 선도하고 있다. 2024년 8월 '호주 · 뉴질랜드 생식 내분비학 및 난임학회(ANZSREI)'는 난임 기준을 완화해 더 많은 부부가 공공보험으로 체외 수정 시술을 받을 수 있도록 제도를 개선했다(Australian Government Department of

Health, Disability and Ageing, 2025). 이러한 정책 변화와 함께 호주 정부는 AI 기반 난임 연구에 대규모 예산을 투입하고 있다. 예를 들어 뉴사우스웨일스 대학교(UNSW)는 진료 기록과 출산, 체외 수정 데이터를 통합 분석하는 생식 의학 빅데이터 플랫폼(FM-DATA)을 구축하고 있다(UNSW Newsroom, 2024). 또한 여성의 유전 정보에 따른 약물 반응을 분석하고, AI를 활용해 개인별 최적의 약물 용량을 추천하는 기술 개발도 추진 중이다(IVF Australia, 2023).

이스라엘은 체외 수정 시술을 무제한으로 전액 지원하는 유일한 나라다(머니투데이, 2025). 동시에 AI 기반 난임 치료 기술 분야에서도 가장 앞서 있다. AIVF, Fairtility 등 다양한 스타트업이 배아 선별부터 시술 자동화, 남성 불임 치료용 로봇, 비대면 진료 플랫폼까지 폭넓은 분야에서 기술 개발을 주도하고 있으며, 이들 기업은 유럽과 미국 시장으로 빠르게 진출하고 있다(BiopharmaTrend, 2025).

중국은 2020년 기준 난임률이 18%까지 상승하면서 정부 차원의 대책 마련에 나섰다. 건강보험 보장을 확대하고 체외 수정 시술비를 지원하며, 생식 의료 산업을 적극 육성하고 있다(China Briefing, 2025). 기술적으로는

AI와 로봇을 활용한 배아 선별, 정자 자동 분석 등 다양한 연구가 진행 중이다. 특히 배아를 인공 자궁에서 10개월간 키워 출산까지 이르게 하는 '임신 로봇' 개발이 주목받고 있지만, 이에 따른 윤리적 논의도 활발히 이루어지고 있다(The Economic Times, 2025).

주요 글로벌 기업들의 혁신

전 세계 난임 치료 시장은 놀라운 속도로 성장하고 있다. 2025년 약 392억 달러 규모인 시장이 2034년에는 855억 달러를 넘어설 것으로 예상되며, 이는 연평균 9% 이상의 높은 성장률(CAGR)을 의미한다(Precedence Research, 2025). AI 기술은 이러한 성장의 핵심 동력이다. 배아 상태를 정밀하게 분석하고, 수정란 발달을 예측하며, 환자별 호르몬 반응을 분석하는 등 치료의 모든 단계에서 정확도를 크게 향상시키고 있다.

이러한 변화 속에 미국, 이스라엘, 호주 등에서는 AI 기반 난임 솔루션 기업이 급속히 성장하며 글로벌 시장을 선도하고 있다.

2015년 미국에서 설립된 오베이션 퍼틸리티(Ovation Fertility)는 미국 내 20개 이상의 IVF(체외 수정) 실험실을 운영하며 연간 2만 건 이상의 시술을 지원한다. 이 회사는 AI를 활용해 배아 평가를 자동화하고, 수천 건의 데이터를 분석해 환자의 나이, 호르몬 수치, 과거 치료 이력 등을 고려한 맞춤형 배아 선택과 시술 시기 결정을 지원한다. 또한 미국 내 다양한 난임 클리닉 및 연구기관과 협력하여 AI 알고리즘의 예측 정확도를 높이고 있으며, 2023년에는 미국 최대 난임 네트워크인 US Fertility와 합병해 연구 역량과 규모를 한층 강화하고 있다(Ovation Fertility, n.d.).

페어틸리티(Fairtility)는 2019년 이스라엘에서 설립된 기업으로, AI를 활용해 난임 치료의 정확성과 효율을 높이는 의료기기를 개발하고 있다. 이 회사는 AI의 판단 과정을 투명하고 이해 가능하게 제시하는 '글래스박스(Glass Box)' 모델을 지향한다. 대표 제품인 '클로이(CHLOE™)'는 배아 발달 영상을 분석할 뿐만 아니라, 왜 그런 판단을 내렸는지 의료진에게 시각적으로 설명한다. 2025년 미국 FDA 승인을 받아 공식 의료기기로 인정받았다(Fairtility, n.d.).

라이프 위스퍼러(LifeWhisperer)는 2017년 호주에서 설립된 스타트업으로, 현재 47개국 이상의 난임 클리닉에서 사용되고 있다. 이 기술은 수정란 사진 한 장만으로도 분석이 가능해 복잡한 장비가 없는 병원에서도 쉽게 활용할 수 있다. AI가 다양한 인종과 환경에서 수집된 데이터를 학습하여 전문가보다 20~40% 더 정확한 임신 예측률을 보이며, 특히 의료 인프라가 부족한 개발도상국에서 큰 도움이 되고 있다(LifeWhisperer, n.d.).

얼라이프 헬스(Alife Health)는 2020년 미국에서 설립된 기업으로, 체외 수정 과정을 AI와 데이터 기반으로 혁신하고 있다. 대표 제품 '엠브리오 어시스트(Embryo Assist™)'는 현미경 시스템과 클라우드 기반 AI 기술을 결합해 배아 데이터를 자동으로 수집 · 분석한다. 이를 통해 실험실 업무 효율성이 향상되고, 환자 상담 및 관리에 필요한 시간이 90% 이상 단축되었으며, 환자 만족도도 크게 향상되었다(Alife Health, n.d.).

컨시버블 라이프 사이언스(Conceivable Life Sciences)는 2022년 미국에서 설립된 바이오테크 기업으로, 세계 최초의 AI 기반 완전 자동화 시험관 아기 실험실 'AURA'를 개발했다. 이 시스템은 AI, 로봇, 첨단 광학, 머신 비전 기술을 결합해 난자 채취부터 배양, 냉동 보관까지 200여 단계를 로봇이 자동으로 수행한다. 실제 임상시험에서 21건의 임신에 성공했으며, 2025년에는 5000만 달러 규모의 투자 유치를 통해 해외 시장 진출과 상용화를 본격 추진하고 있다(Conceivable Life Sciences, n.d.).

오버처 라이프(Overture Life)는 2017년 스페인에서 설립된 생명공학 기업으로, 로봇공학 · 마이크로플루이딕스 · AI 분석 기술을 결합해 체외 수정 시술의 전 과정을 자동화하는 데 주력하고 있다. 세계 최초로 로봇을 이용한 수정(ICSI.A)과 로봇 난자 냉동 시스템(DaVitri)을 상용화해 보조 생식 기술의 정밀성과 재현성을 크게 향상시켰다. 2023년에는 자동 수정 기술을 통해 세계 최초의 로봇 시술 아기를 탄생시켰으며, 2025년에는 미국 텍사스주 댈러스에 AI 기반 IVF 로보틱스 허브를 설립해 미국 시장 진출을 본격화했다. 오버처의 기술은 의료진간 숙련도 차이를 최소화하고 난자 생존율을 약 12% 향상시키는 성과를 보이고 있다(Overture Life, n.d.).

퓨처 퍼틸리티(Future Fertility)는 2018년 캐나다 토론토에서 설립된 기업으로, AI 기반 난자 품질 평가 솔루션을 세계 최초로 상용화했다. 대표 제품 '마젠타(MAGENTA) AI'는 난자 이미지를 분석해 개별 난자의 발달 가능성과 배반포 형성 확률을 정량적으로 예측하는 기술로, 환자마다 다른 생물학적 차이를 반영한 맞춤형 품질 점수를 제공한다. 마젠타는 비침습적 AI 분석으로 임상 의사 결정을 지원하며, 글로벌 난임 센터와 협력해 난자 평가의 표준화를 이끌고 있다. 현재 북미, 유럽,

중동 주요 클리닉에서 사용되고 있으며, 난임 진단과 시술 계획의 효율성을 높이고 있다(Future Fertility, n.d.).

희망이 현실이 되다: AI 기술의 성공 사례

AI는 실제 임신 성공 사례에서도 그 효과가 입증되고 있다. 미국의 한 부부는 18년간 임신을 시도했지만 계속 실패했다. 남편이 정자가 거의 없는 '무정자증'이었기 때문이다. 그러나 컬럼비아 대학교가 개발한 'STAR (Sperm Tracking and Recovery)' 시스템이 AI 영상 분석을 통해 정액 샘플에서 살아 있는 정자 3개를 찾아냈고, 이를 이용해 수정에 성공했다(동아일보, 2025).

2025년 4월에는 AI와 로봇 기술이 결합된 시험관 아기 첫 출생 사례가 보고되었다. 미국 컨시버블 라이프 사이언스(Conceivable Life Sciences)의 기술로, AI가 건강한 정자를 찾아내고 로봇이 난자에 주입하는 과정이 완전 자동으로 이루어진 것이다. 사람의 눈으로는 구별하기 어려운 미세한 차이를 AI가 정확히 포착해 임신에 성공한 이 사례는 난임 치료의 새로운 가능성을 보여 주었다(조선일보, 2025)

이제 AI는 전 세계 난임 치료의 핵심 기술로 자리 잡았다. 각국 정부의 정책 지원과 기업들의 기술 혁신이 만나

'데이터 기반 생식 의학'이라는 새로운 시대가 열렸다. AI는 더 이상 단순한 진단 도구가 아니라, 수많은 부부에게 부모가 될 기회를 주는 희망의 기술이 되고 있다.

참고문헌

뉴스스페이스(2025.6.5). ""생명의 경계를 다시 쓰다" 일본, 세계 최초 '인공자궁' 개발… 초미숙아 생존부터 출산 패러다임 혁신까지".

동아일보(2025.7.4). "'무정자증' 남편 정자, AI가 3개 찾아내… 18년만에 임신 성공".

머니투데이(2025.1.16). "전쟁 통에서 합계출산율 '3명'… 이스라엘 비결은?".

조선일보(2025.4.14). "AI가 정자 판별, 로봇이 수정한 첫 '시험관 아기' 출생".

한국보험연구원(2024). "일본, 난임 시술 보험 동향".

Alife Health(n.d.). https://www.alifehealth.com

Australian Government Department of Health, Disability and Ageing(2025.8.20). Medicare and benefits for Assisted Reproductive Technology – definition of infertility.

Biopharma Trend(2025). Five Companies Advancing AI in Fertility Tech.

China Briefing(2025). China's Fertility Services Market: Growth, Challenges, and Opportunities.

Conceivable Life Sciences(n.d.). https://www.conceivable.life

Dealroom.co(2025). Femtech.

Fairtility(n.d.). https://fairtility.com

Future Fertility(n.d.). https://futurefertility.com/en

Human Fertilisation and Embryology Authority(2021). IVF cycles surpass 1 million and UK fertility treatment is more successful than ever.

IVF Australia(2023). $3m federal government grant supports world-first IVF study.

Life Whisperer(n.d.). https://www.lifewhisperer.com

Ovation Fertility(n.d.). We Are The IVF Lab Leaders.

Overture Life(n.d.). https://www.overture.life

Precedence Research(2025). Fertility market size to surpass USD 85.53 billion by 2034(2025-2034 forecast report).

The Economic Times(2025). China's Kaiwa Technology develops pregnancy humanoid robot with artificial womb technology.

The Washington Post(2025.10.3). Robots are learning to make human babies. Twenty have already been born.

University of Dundee(2025.5.28). Dundee launch of world-first AI and IVF course, 40 years after Scotland's first 'test-tube' baby.

UNSW Newsroom(2024.9.10). UNSW receives $1.7m to set up world-first database on fertility.

08

윤리적 고려와 AI의 한계

난임 치료 분야에서 AI 기술의 도입은 새로운 가능성을 열어주는 동시에 여러 과제를 안고 있다. 데이터 편향에 따른 공정성 문제, AI의 기술적 한계와 설명 가능성 부족, 그리고 의료 형평성과 책임 소재의 모호함 등이 해결해야 할 숙제로 떠오르고 있다.

AI와 인재 채용?

개인정보 보호와 데이터 편향 문제

난임 치료 데이터는 매우 민감한 개인정보를 담고 있다. 정자와 난자의 형태, 배아가 자라는 과정을 담은 영상, 유전 질환 이력, 호르몬 수치, 임신과 유산 기록 등이 포함된다. 이러한 정보는 개인의 생식 건강뿐만 아니라 가족의 유전 정보까지 드러낼 수 있어 철저한 보안 관리가 필요하다.

이러한 민감한 의료 데이터를 보호하기 위해 세계 각국은 엄격한 법적 장치를 마련해 왔다. 유럽은 '일반정보보호 규정(GDPR)'과 '유럽 건강데이터 공간(EHDS)'을 통해 개인정보를 보호하면서도 의료 발전을 위한 데이터 활용이 가능하도록 균형을 맞추고 있다. 특히 EHDS는 국가 간 의료 데이터 공유와 연구를 촉진하면서도 데이터의 표준화와 환자의 정보 통제권을 보장한다(권혜나, 2025). 미국은 '건강보험 이동성 및 책임에 관한 법(HIPAA)'을 통해 전자 건강 기록을 보호하고, 접근을 제한하며, 위반 시 처벌 규정을 두고 있다(CDC, 2024). 우리나라도 '개인정보보호법', '생명윤리법', '의료법' 등을 통해 의료 데이터를 체계적으로 관리하고 있다. 이들 법률은 각각의 목적과 역할이 다르지만, 상호 보완적으로 작용하여 개인정보 보호와 의료 연구의 효율성을 동시에 추구한다.

하지만 아무리 법적 보호가 철저해도 수집되는 데이터 자체가 편향되어 있다면 AI의 공정성을 보장하기 어렵다. AI는 학습한 데이터의 특성을 그대로 반영하기 때문에 특정 지역이나 인종의 데이터만으로 학습하면 다른 집단에서는 예측 정확도가 크게 떨어질 수 있다(바이오타임즈, 2025). 예를 들어, 서양인 환자 데이터로 학습한 AI는 아시아인의 유전적 · 생리적 특성을 제대로 반영하지 못할 가능성이 높다. 이런 데이터 편향은 예측 오류를 일으키고, 특정 집단을 배제하거나 잘못된 치료 결정으로 이어질 수 있다.

연령별 편향도 문제다. 대부분의 연구가 30~40대 환자 데이터를 중심으로 이루어져 있어, 다른 연령층에 대한 예측이 부정확할 수 있다. 특히 35세 이상에서는 염색체 이상과 유산 위험이 급격히 증가하는데(뉴시스, 2025), 젊은 연령층 데이터로 학습한 AI는 이러한 특성을 충분히 반영하지 못할 수도 있다.

지역별 의료 환경의 차이도 편향을 만들어 낼 수 있다. 대형 병원의 최신 장비로 수집한 데이터로 학습한 AI는 중소 병원의 낙후된 장비 환경에서는 제대로 작동하지 않을 수 있다. 이는 결국 의료 서비스의 불평등으로 이어진다.

이러한 문제를 해결하려면 다양한 인종, 성별, 연령, 사회 경제적 배경을 균형 있게 반영한 데이터를 확보해야 한다. 개인정보를 철저히 보호하면서도 대표성 있는 데이터를 확보하는 것이 난임 치료에서 AI를 공정하고 안전하게 활용하기 위한 필수 조건이다.

AI의 기술적 한계와 설명 가능성

현재 AI 기술은 임상 현장에서 활용될 때 한계점도 보이고 있다. AI는 명확히 품질이 좋은 배아와 나쁜 배아를 구분하는 데는 유용하지만, 비슷한 품질의 배아들 사이에서 미세한 차이를 평가하는 것은 어려워한다. 연구에 따르면, AI는 세포가 분열하는 속도나 형태 같은 미세한 차이를 평가할 때 10~20% 이상의 오류를 보인다. 특히 중간 등급과 상위 등급 배아를 정확히 순위 매기는 데 한계가 있다(Thirumalaraju et al., 2025).

이런 문제는 촬영 환경이 달라질수록 더욱 심해진다. 같은 배아라도 촬영 시점이나 조건이 바뀌면 AI의 예측 결과가 크게 달라질 수 있다. 촬영 각도, 세포 모양의 미세한 변화, 영상 품질 등 여러 기술적 요인이 AI의 판단에 영향을 미치기 때문이다(Wang et al., 2024).

AI의 성능은 주변 환경에도 좌우된다. AI는 학습했던 데이터와 비슷한 조건에서 가장 잘 작동하는데, 병원마다 장비와 환경이 다르면 성능이 달라진다. 배양액의 종류나 농도, 현미경이나 카메라 장비의 차이만으로도 정확도가 크게 변할 수 있다. 실제로 같은 AI라도 다른 브랜드의 현미경을 사용하면 정확도가 최대 15%까지 차이가 났다(Thirumalaraju et al., 2025). 이는 렌즈의 특성, 조명, 센서의 차이가 배아 영상을 다르게 표현하기 때문이다. 배양기의 온도나 습도, 지역적 환경 차이도 배아 발달과 예측 정확도에 영향을 미친다(van Duijn et al., 2022).

이러한 기술적 한계와 함께 AI의 '블랙박스' 특성도 큰 문제다. AI가 왜 그런 판단을 내렸는지 명확히 알기 어렵다는 점이 임상 적용을 어렵게 만든다. 이를 해결하기 위해 '설명 가능한 AI(XAI)' 기술이 주목받고 있다. 설명 가능한 AI는 AI의 판단 근거를 사람이 이해할 수 있는 형태로 보여 주어 투명성과 신뢰성을 높이는 기술이다.

대표적인 방법으로 '주의 맵(Attention Map)'이나 '히트 맵(Heat Map)'을 이용한 시각화가 있다. AI가 배아 사진에서 어떤 부분을 중요하게 봤는지 색상으로 표시해서 연구원이 판단 근거를 직관적으로 이해할 수 있도록 돕는다(Rotem et al., 2024). 또 다른 방법은 '특징 중요도 분석'이다. 배아의 형태, 세포 분열 속도, 세포 개수 등 여러 특징 중에서 무엇이 AI의 결정에 가장 큰 영향을 미쳤는지 수치로 보여 준다(Chen et al., 2025). SHAP이나 LIME 같은 기법을 통해 AI의 판단 요인을 정량적으로 제시하는 연구도 활발히 진행되고 있다(Kodali et al., 2025).

하지만 설명 가능한 AI도 완벽한 해결책은 아니다. 설명이 실제 판단 과정을 정확히 반영하지 못하거나, 너무 단순하거나 복잡하면 오히려 오해를 불러일으킬 수 있다. 또한 계산 시간이 오래 걸려 현장에서 바로 사용하기 어려운 경우도 있다. 따라서 사용자가 이해하기 쉬운 설명 방식을 개발하고 효율적으로 구현하는 것이 중요하다.

AI의 투명성과 설명 가능성은 윤리적, 규제적 측면에서도 매우 중요하다. 세계보건기구(WHO)는 2021년 의료 AI 활용 원칙에서 투명성과 설명 가능성을 필수 요건으로 명시했다. 이는 환자의 알 권리, 의료진의 책임성, 그리고 AI 의료가 사회적으로 받아들여지기 위한 핵심 조건이다(WHO, 2021).

결론적으로 AI의 한계를 충분히 인식하고, AI의 결과를 절대적 판단이 아닌 보조적 정보로 활용하는 신중한 접근이 필요하다. 설명 가능한 AI는 이러한 현실적 활용을 가능하게 하는 중요한 도구이지만, 지속적인 검증과 개선을 거쳐야만 임상에서 신뢰받을 수 있다.

의료 형평성과 책임 소재의 문제

난임 치료에 AI를 도입할 때는 환자의 자기결정권을 보장하는 것이 무엇보다 중요하다. AI의 예측값을 절대적 기준으로 받아들이면 환자의 신체적 특성이나 개인적 가치관이 충분히 반영되지 않을 수 있다. 반대로 AI 결과를 지나치게 불신하면 치료 기회를 놓칠 위험도 있다. 따라서 AI는 의학적 판단을 돕는 보조 도구로 활용되어야 한다. 의료진은 AI의 한계와 불확실성을 환자에게 명확히 설명하고, 환자가 충분한 정보를 바탕으로 결정을 내릴 수 있도록 도와야 한다.

AI 도입은 의료의 질을 높일 수 있지만, 동시에 의료 불평등을 심화시킬 위험도 있다. 대형 병원은 첨단 AI 시스템을 도입할 여력이 있지만, 중소 병원은 비용 때문에 도입이 어렵다. 실제로 고성능 AI 배아 분석 시스템은 수억 원대 구축 비용이 들어 일부 대형 병원에만 도입되고 있다. 대도시 환자들은 AI 기반 난임 치료를 쉽게 받을 수 있지만, 지방 환자들은 여전히 이런 혜택을 받기 어렵다. 결국 경제적 여유가 있는 계층만 첨단 의료 서비스를 누리는 불평등한 구조가 만들어질 수 있다.

이러한 불평등을 줄이기 위해서는 정부와 지자체의 적극적인 지원이 필요하다. 공공 의료기관에 AI 인프라를 확충하고, 여러 병원이 공동으로 사용할 수 있는 플랫폼 기반 모델을 개발해야 한다.

형평성과 함께 책임 소재의 불명확성도 중요한 문제다. 전에는 진단과 치료에 대한 책임이 명확히 의사에게 있었다. 그러나 AI가 진단 과정에 개입하면서 오류가 발생했을 때 누구에게 책임을 물어야 하는지가 불분명해졌다. AI의 잘못된 판단으로 의료 사고가 발생하면, 그 책임이 AI를 개발한 회사에 있는지, 병원에 있는지, 의사에 있는지, 아니면 환자에게도 일부 책임이 있는지 현재의 법 체계로는 명확히 판단하기 어렵다.

보험과 배상 체계도 새롭게 정비되어야 한다. 현재 의료 배상 책임 보험은 주로 의료진 과실에 대해서만 적용된다. AI 시스템 오류로 인한 피해를 어떻게 보상할지에 대한 기준은 아직 마련되어 있지 않다. 미국과 유럽에서는 AI의 법적 책임과 위험 분담에 관한 규제 · 정책 논의가 활발히 이루어지고 있다(머니투데이, 2024). 우리나라도 이에 맞는 제도적 가이드라인을 서둘러 마련해야 한다.

마지막으로, 투명성이 확보되지 않으면 책임 문제를 제대로 해결할 수 없다. 환자와 의료진이 AI를 신뢰하려면 AI가 어떤 데이터로 학습했는지, 어떤 알고리즘을 사용하는지, 그리고 어떤 한계가 있는지를 명확히 알 수 있어야 한다. 이러한 투명성이 확보될 때 AI는 의료 현장에서 공정하고 책임감 있는 기술로 자리 잡을 수 있다.

참고문헌

권혜나(2025). "개인정보 보호와 혁신을 동시에… 건강 데이터 활용의 새 길 연 EU". 나라경제 세계는 지금. 주벨기에 유럽연합 대한민국 대사관.

뉴시스(2025.2.16). "35세 이상 '고령 산모' 증가… "염색체 이상 등 위험 커져"".

머니투데이(2024.8.5). "'AI법' 속도내는 미국·EU… 속터지는 한국".

바이오타임즈(2025.4.10). "의료 혁신 이끈 AI, 인종·성별·소득 따른 '편향성' 문제 지적도".

미국 질병통제예방센터(CDC)(2024). Health Insurance Portability and Accountability Act of 1996 (HIPAA).

Chen, K. et al.(2025). Intelligent assisted reproduction: Innovative applications of artificial intelligence in embryo health assessment. *LabMed Discovery,* 2(2), 100075.

Kodali, R. et al.(2025). Interpretation of deep learning model in embryo selection for in vitro fertilization (IVF) treatment.

arXiv preprint arXiv:2506.06680.
Rotem, O. et al.(2024). Visual interpretability of image-based classification models by generative latent space disentanglement applied to in vitro fertilization. *Nature Communications, 15*, 7390.
Thirumalaraju, P. et al.(2025). Stability and reliability of artificial intelligence models in embryo selection for in vitro fertilization. *Fertility and Sterility*. Advance online publication.
van Duijn, L. et al.(2022). The impact of culture medium on morphokinetics of cleavage stage embryos: An observational study. *Reproductive Sciences, 29*(8), pp.2179~2189.
Wang, G. et al.(2024). A generalized AI system for human embryo selection covering the entire IVF cycle via multi-modal contrastive learning. *Patterns, 5*(7), 100985.
WHO(2021). Ethics and governance of artificial intelligence for health: WHO guidance.

09
AI와 의사의 협업: 의사와 기술의 조화

AI와 의사의 상호 보완적 파트너십이 의료 현장에서 중요한 변화를 이끌고 있다. 특히 체외 수정 시술에서 AI는 의사의 협력자로서 주관적 평가의 한계를 극복하고 일관된 기준을 제공한다. AI가 데이터 처리와 반복 분석을 담당하면서 의사는 환자의 감정과 개별 상황에 더욱 집중할 수 있게 되었다. 이러한 협력은 기술이 인간을 대체하는 것이 아니라, 의료의 질을 높이고 환자 치료를 개선하는 미래 지향적 모델임을 보여 준다.

AI와 기자?

AI와 의사의 상호 보완적 파트너십

의료 현장에서 AI는 의사를 대체하는 도구가 아니라 의사를 보조하는 협력자로 자리 잡고 있다. 의사의 판단력과 경험은 여전히 중요하며, AI는 이러한 전문성을 강화하고 보완하는 역할을 담당한다.

이러한 협력 관계가 특히 활발하게 적용되는 분야가 바로 체외 수정 시술에서의 배아 선별이다. 글로벌 난임 전문의를 대상으로 한 최근 조사 결과가 이를 잘 보여 준다. AI를 실제로 사용하는 난임 전문의 비율이 2022년 24.8%에서 2025년 53.22%로 크게 증가했다. 구체적으로 살펴보면, 21.64%는 정기적으로, 31.58%는 가끔 AI를 활용한다고 응답했다. 또한 2025년에는 응답자의 60.82%가 AI를 다루는 데 중간 수준 이상으로 익숙하다고 답해, 난임 전문의들이 AI 기술을 점차 깊이 이해하고 적극적으로 수용하고 있음을 확인할 수 있다(Shoham et al., 2025).

배아 선별에 AI를 적극 도입하는 이유는 현미경으로 배아의 형태를 관찰하는 것만으로는 임신 가능성을 정확히 예측하기 어렵기 때문이다. 평가 기준은 전문가마다 조금씩 다르며, 동일한 전문가라도 시간대나 컨디션에 따라 판단이 달라질 수 있다. 61명의 배아 연구원을 대상으로 한 연구가 이러한 한계를 보여 준다. AI 교육을 받기 전, 전문가들 사이에서도 평가가 일치하지 않는 경우가 많았다. 신입 배아 연구원 그룹의 평가 일치도는 0.355로 낮은 편이었고, 경력자 그룹도 0.440의 보통 수준에 그쳐 전문가들 간에도 판단 차이가 크다는 사실이 확인되었다(Kim et al., 2024).

이처럼 주관적 평가의 한계를 극복하기 위해 AI가 적극적으로 활용되고 있다. AI는 사람이 구분하기 어려운 미세한 패턴을 포착할 수 있다. 무엇보다 일관된 기준으로 평가를 지원하며, 수많은 임신 성공 및 실패 데이터를 비교·분석해 통계적으로 신뢰할 수 있는 근거를 제시한다.

실제로 90개의 배아를 대상으로 한 실험에서 AI의 효과가 명확히 입증되었다. 배아 연구원 단독 판단의 정확도는 38%에 불과했지만, AI의 도움을 받은 경우 50%로 향상되었고, AI 단독 판단은 66%의 정확도를 보였다(Kim et al., 2024). 흥미로운 점은 AI 자체의 판단이 가장 정확했지만, AI 지원을 받은 배아 연구원도 약 12%p나 성과가 개선되었다는 것이다. 이는 실제 임상 환경에서 AI와 사람의 협력이 가장 효과적인 전략임을 시사한다.

특히 주목할 만한 성과는 경력 5년 이하의 주니어 배아 연구원들에게서 나타났다. AI 사용 전 주니어 그룹의 평균 점수는 33.516점(37%)으로 경력자의 35.967점(40%)보다 낮았다. 하지만 AI를 활용한 후에는 46.581점(52%)으로 크게 상승해 경력자 그룹의 44.833점(50%)을 앞서는 결과를 나타냈다(Kim et al., 2024). 이는 AI가 경험이 부족한 전문가의 실력을 빠르게 향상시키는 실질적인 도구임을 증명한다.

그렇다면 실제 임상 현장에서 AI와 어떻게 협력할까? AI가 배아의 점수와 순위를 제시하면, 의사와 배아 연구원이 이를 참고해 배아의 형태, 발달 상태 등 다양한 임상 정보를 검토한 뒤 최종 결정을 내린다. 예를 들어, AI가 높은 점수를 준 배아라도 세포 분할 양상이나 투명대(난자·초기 배아를 둘러싼 투명한 당단백질 보호층) 상태에 문제가 발견되면 다시 검토한다. 반대로 AI가 낮게 평가한 배아라도 과거 임상경험상 좋은 결과를 보인 형태라면 추가 분석을 진행한다. 이렇게 AI와 전문가의 판단이 불일치할 경우에는 충분한 논의를 거쳐 가장 합리적인 결정을 내린다.

이처럼 많은 배아 연구원들이 AI를 보조적인 조언자로 활용하고 있다. 경험이 적은 배아 연구원은 AI를 통해 배아의 질에 영향을 주는 여러 요소를 학습하고, 숙련된 전문가는 AI가 포착한 미세한 패턴과 신호를 통해 새로운 통찰을 얻는다.

AI의 또 다른 강점은 대량의 데이터를 동시에 처리할 수 있다는 점이다. 한 번에 수십 개의 배아를 평가해야 하는 상황에서 사람은 집중력을 유지하기 어렵지만, AI는 모든 배아를 일정하고 정밀한 기준으로 분석할 수 있다. 그러나 최종적으로 어느 배아를 이식할지는 환자와 의사가 함께 결정한다. 이 과정에서 환자의 나이, 자궁 상태, 과거 치료 결과는 물론 개인의 가치관과 선호까지 종합적으로 고려될 수 있다. AI는 객관적인 근거를 제공하는 과학적 도구이지만, 환자의 감정과 상황을 이해해 최선의 결정을 이끌어내는 것은 결국 의사의 몫이다.

의사 역할의 진화와 AI 시대의 전문성

AI의 도입으로 난임 치료 분야에서 의사의 역할은 더욱 전문적이고 다양해지고 있다. 이제 의사는 모든 결정을 혼자 내리는 대신, 신뢰할 수 있는 파트너인 AI와 협력해 보다 정확하고 체계적인 진료를 제공할 수 있다. AI가 복잡한 기술적 판단을 도와주는 덕분에, 의사는 환자의 감정적 상태나 다양한 임상 요인에 더 많은 시간과 관심을 쏟을 수 있게 될 것이다.

물론 AI 도입 과정이 항상 순조로운 것은 아니다. 글로벌 설문조사에 따르면, AI 도입의 주요 장애 요인으로는 도입 비용(38.01%)과 전문 교육 부족(33.92%)으로 조사되었으며, 윤리적 · 법적 문제(14.04%) 역시 중요한 과제로 지적되었다. 또한 AI 사용 시 우려되는 위험 요인으로 기술에 대한 과도한 의존(59.06%), 오진이나 오류 가능성(22.81%), 데이터 프라이버시 문제(11.11%)가 지적되었다. 그럼에도 불구하고 응답자의 83.62%가 향후 1~5년 내 AI에 투자할 의향이 있다고 답해, 의료 현장에서 AI에 대한 기대감이 여전히 높다는 것을 알 수 있다(Shoham et al., 2025).

AI가 의료 현장에 등장하면서 "의사가 필요 없어질까?"라는 우려가 제기되기도 했지만, 실제로는 오히려 의사의 역할이 더 중요해지고 있다. AI가 방대한 데이터를 빠르고 정확하게 처리하는 동안, 의사는 환자의 심리 상태, 과거 치료 경험, 개인의 가치관처럼 데이터로 표현하기 어려운 부분을 세심하게 살펴 치료에 반영하기 때문이다.

이에 따라 의사에게 필요한 핵심 역량도 변화하고 있다. 첫째, 상황을 종합적으로 판단하는 능력이 중요해졌다. AI는 숫자와 패턴을 잘 분석하지만, 환자의 삶의 맥

략이나 정서적 상태를 이해하는 데에는 한계가 있다. 둘째, 윤리적인 판단 능력이 필수적이다. 난임 치료에서는 성별 선택 문제, 다태 임신과 환자의 희망 사이의 균형 등 복잡한 윤리적 의사 결정이 필요한데, 이는 AI가 대신할 수 없는 인간만의 영역이다. 마지막으로 개인맞춤 치료 전략을 설계하는 능력이 요구된다. AI는 일반적인 통계와 경향을 보여 주지만, 각 환자에게 가장 적합한 치료 방식은 의사가 직접 판단하고 설계해야 한다. 결국 AI는 의사를 대체하는 존재가 아니라 의사의 전문성을 한층 강화하는 도구인 것이다.

환자 중심의 치료 혁신과 미래 전망

과거 난임 치료에서는 반복된 실패로 인한 환자의 불안과 두려움을 완전히 해소하기 어려웠다. 그러나 AI의 도입으로 이러한 상황이 크게 개선되고 있다. AI는 환자가 치료 과정을 더 명확히 이해하도록 돕고, 심리적 안정감과 만족도를 높이는 데 기여하고 있다.

대표적인 사례가 AI 기반 예측 보고서다. 한 연구에 따르면, AI 기반 예측 보고서를 받은 환자는 그렇지 않은 환자보다 체외 수정 시술에 참여할 확률이 2~3배 높았다. 이 보고서는 환자의 나이, 건강 상태, 과거 치료 이력 등을 종합 분석해 "나의 임신 성공 확률"을 그래프와 수치로 알기 쉽게 보여 준다. 복잡했던 의료 정보를 한눈에 이해할 수 있게 되면서, 환자는 자신의 상황을 명확히 파악하고 의사와 동등한 입장에서 치료 방향을 논의할 수 있다. 그 결과 환자는 충분한 정보를 바탕으로 확신을 가지고 치료 결정을 내릴 수 있다(Yao et al., 2024).

또한 AI가 반복적인 분석 업무를 대신함으로써, 의사는 환자 상담과 정서적 지원에 더 많은 시간을 할애할 수 있게 되었다. 이는 난임 치료의 성공률 향상으로 이어진다. 실제로 미국의 한 연구에서는 AI 기반 상담(예: ChatGPT 활용 상담)을 받은 난임 환자가 전통적인 대면 상담 환자보다 만족도가 높았으며, 상담 시간도 평균 12.5분 단축된 것으로 나타났다(Cheng et al., 2024).

앞으로 AI의 역할은 더욱 다양하게 확장될 전망이다. 2025년 설문조사에서 향후 AI 개발이 집중될 분야로 배아 평가 및 선택(30.68%), 진단(25.28%), 교육 도구(21.88%), 의사-환자 간 소통(19.32%)을 꼽았다(Shoham et al., 2025). 이는 AI가 단순한 배아 평가를 넘어 난임 치료의 전 과정을 지원하는 방향으로 발전하고 있음을 보여 준다.

가까운 미래에는 AI가 환자 개개인에 맞춰 호르몬 투

여량을 자동으로 조절하고, 배아 배양 환경을 실시간으로 최적화하며, 자궁 내막 상태를 정밀하게 예측하게 될 것이다. 그때 의사는 AI가 제시하는 다양한 치료 시나리오 중에서 환자의 상황과 가치관에 가장 부합하는 방향을 선택하는 최종 결정자 역할을 하게 될 것이다.

결국 난임 치료 분야에서 AI와 의사의 협력은 기술이 인간 중심으로 발전할 수 있음을 보여 주는 대표적인 사례다. 이러한 협력을 통해 우리는 기술의 진정한 목적이 인간을 대체하는 것이 아니라, 인간의 삶을 더 풍요롭고 의미 있게 만드는 데 있음을 확인할 수 있다. AI는 앞으로도 더욱 정교해지겠지만, 생명의 탄생이라는 특별한 여정에서 환자와 함께 기뻐하고 함께 눈물 흘리는 일은 언제나 인간의 몫으로 남을 것이다.

참고문헌

Cheng, S. et al.(2024). Comparative outcomes of AI-assisted ChatGPT and face-to-face consultations in infertility patients: A cross-sectional study. *Postgraduate Medical Journal, 100*(1189), pp.851~855.

Kim, H. M. et al.(2024). Evaluation of the clinical efficacy and trust in AI-assisted embryo ranking: Survey-based prospective study. *Journal of Medical Internet Research, 26*(1), e52637.

Shoham, G. et al.(2025). Global trends in the use of artificial intelligence (AI) in reproductive medicine: Insights from surveys of international fertility specialists. *Journal of IVF-Worldwide, 3*(3), pp.33~44.

Yao, M. W. M. et al.(2024). Improving IVF utilization with patient-centric artificial intelligence-machine learning (AI/ML): A retrospective multicenter experience. *Journal of Clinical Medicine, 13*(12), 3560.

10
AI와 함께 여는 새로운 생명의 문

AI 기술이 난임 치료의 패러다임을 바꾸고 있다. 과거 경험과 직관에 의존하던 치료는 이제 데이터 기반의 정밀 의료로 진화했다. AI는 환자 맞춤형 예측과 배아 평가를 통해 성공률을 높이고, 치료 접근성을 크게 개선하고 있다. 이러한 혁신을 통해 AI는 난임 치료를 희망의 여정으로 변화시키며, 환자 중심의 개인 맞춤형 의료 서비스를 실현하는 데 핵심적인 역할을 담당하고 있다.

AI와 미래 의사?

AI가 가져온 난임 치료의 혁신적 변화

난임 치료에 AI 기술이 도입되면서 치료 방식이 근본적으로 바뀌고 있다. 과거에는 의료진의 경험과 직관에 의존해 치료 방향을 결정했지만, 이제는 방대한 데이터를 바탕으로 과학적인 판단이 가능해졌다. 이러한 변화로 난임 치료는 환자 개개인의 특성에 맞춘 '맞춤형 의료'로 발전하고 있다.

가장 눈에 띄는 변화는 치료 결과를 미리 예측할 수 있게 되었다는 점이다. 예전에는 시술을 받은 후에야 성공 여부를 알 수 있었고, 실패하면 몇 달을 기다려 다시 시도해야 했다. 하지만 AI는 이제 치료를 시작하기 전부터 성공 가능성을 보다 정확하게 예측해 준다. 환자의 호르몬 수치, 난소 상태, 과거 임신 경험, 배우자의 정자 상태, 생활 습관 등 다양한 정보를 종합적으로 분석하기 때문이다. 이런 예측 정보는 환자의 불안감을 줄이고 치료에 대한 신뢰를 높여 준다.

더 나아가 AI는 단순히 확률만 알려주는 것이 아니라 성공률을 높이기 위한 구체적인 방법까지 제시한다. 예를 들어 'iDAScore'라는 AI 프로그램은 배아의 모양과 성장 속도를 분석해 어떤 배아가 임신 가능성이 높은지 알려 준다. 이 기술은 전문가가 눈으로 보고 판단하는 것보다 더 정확한 것으로 나타났다(Ma et al., 2025). 환자들은 이런 정보를 바탕으로 자신의 상태를 더 잘 이해하게 되었고, 치료 과정에도 적극적으로 참여할 수 있게 되었다. 이제 치료의 중심이 '환자'로 이동하면서, 환자와 의사가 함께 치료를 이끌어가는 협력적 관계가 만들어지고 있다.

치료 과정도 훨씬 편리해졌다. 이제는 병원을 자주 방문하지 않아도 스마트폰 앱이나 스마트 기기를 통해 집에서 배란 시기나 건강 상태를 확인할 수 있다. 집에서 채취한 혈액 샘플을 보내면 AI가 즉시 분석하고, 의사는 그 결과를 보고 바로 치료 계획을 조정할 수 있다. 이처럼 치료 과정이 간편해지면서 비용 부담도 줄어들고 있다. 과거에는 수백만 원이 들던 치료비가 AI 덕분에 더 짧은 시간에 더 적은 비용으로 가능해지고 있다. 정부도 저출산 문제 해결을 위해 이러한 기술 개발을 적극 지원하고 있다.

임신부터 육아까지, 종합 지원 시스템

AI의 역할은 이제 임신 성공이라는 목표를 넘어서고 있다. 건강한 임신과 출산, 그리고 육아까지 전체 과정을 지원하는 방향으로 확대되고 있다. 시험관 시술 과정뿐만 아니라 임신 중 스트레스 관리와 생활 습관 개선에도 AI가 활용된다. 예를 들어 AI가 환자와의 대화를 분석해 심리 상태를 파악하고, 필요할 때 휴식이나 명상을 권하는 맞춤형 조언을 제공한다.

영양 관리 역시 AI가 도와준다. 환자가 식사 사진을 찍어 올리면 AI가 영양소를 분석해 피드백을 주고, 개인의 체질과 호르몬 상태에 맞는 식단을 추천한다. 이런 종합적 지원 덕분에 환자들은 24시간 곁에서 도와주는 의료 파트너가 있는 것처럼 심리적 안정감을 얻는다. 난임 치료는 이제 단순한 의학적 시술이 아니라 '희망을 실현하는 여정'으로 변화하고 있다.

AI는 의사의 판단을 도와주는 역할을 한다. AI가 방대한 데이터를 빠르게 분석해 주면, 의사는 더 정확하고 합리적인 결정을 내릴 수 있다. 이런 협력을 통해 병원마다 달랐던 검사나 평가 기준이 점차 표준화되고, 전체적인 치료 성공률도 크게 개선될 것으로 보인다. 환자들 역시 AI의 도움으로 치료에 더 적극적으로 참여할 수 있을 것이다. 자신의 상태를 정확히 이해하고 치료 방향 결정에도 주체적으로 참여할 수 있게 될 것으로 기대된다.

실제로 AI 기반 건강관리 시스템을 사용한 고혈압 환자들의 경우, 92%가 꾸준히 참여했고 63% 이상이 생활 습관을 개선했다는 연구 결과가 있다(Leitner et al., 2024). 이런 효과는 난임 치료에서도 충분히 기대할 수 있다. AI는 치료 과정을 투명하게 만들어 환자의 이해와 신뢰를 높이는 데도 기여한다. 환자는 자신의 배아 상태, 호르몬 수치, 자궁내막 두께 등을 직접 확인하고, 이것이 임신 성공률과 어떤 관계가 있는지 그래프로 볼 수 있다. 이를 통해 환자와 의사간의 소통이 원활해지고 치료에 대한 불안감도 줄어든다.

AI의 정밀한 분석과 의사의 따뜻한 배려가 만나면서, 난임 치료는 '막연한 희망'에서 '구체적인 가능성'으로 변화하고 있다. 의료진 또한 이러한 변화를 긍정적으로 평가하고 있다. 2025년 발표된 Future Health Index 보고서에 따르면, 미국 내 의료 전문가의 63%가 "AI가 환자 치료 결과를 개선할 것"이라고 응답했다(Philips, 2025). 즉, AI는 이제 단순한 기술이 아니라 환자 중심 의료를 실현하는 중요한 파트너가 되고 있다.

차세대 AI 기술이 열어가는 난임 치료의 미래

AI 기술의 발전으로 난임 치료의 미래가 빠르게 변화하고 있다. 현재 개발 중인 차세대 AI 기술들이 속속 현실화되면서, 난임으로 고민하는 부부들에게 더 나은 치료 기회를 제공하고 있다.

특히 주목받는 것은 배아를 손상시키지 않고 평가하는 기술이다. 예를 들어, 'BELA' 시스템은 배아의 영상과 산모의 나이 정보만으로 염색체 이상을 예측할 수 있다. 과거에는 배아에서 세포를 떼어내 검사해야 했지만, 이제는 그럴 필요가 없어졌다(Rajendran et al., 2024). AI가 배아의 DNA 변화 패턴을 분석해 발달 가능성을 평가하는 연구도 진행되고 있다(Zhan et al., 2023). 이러한 방법들은 배아 손상 위험을 없애고 검사 비용을 줄이면서도, 더 정확한 배아 선별을 가능하게 한다.

하지만 아무리 우수한 배아 선별 기술이 있어도, 난자가 건강하지 않다면 성공적인 임신은 어렵다. 여성의 난소는 시간이 지남에 따라 난자의 질과 양이 감소하는데, 이를 난소 노화라고 한다. 난소 노화는 여성의 가임 능력에 큰 영향을 주는 난소 예비력의 감소와 깊은 관련이 있다. 이 난소 노화 과정은 매우 복잡하며, 기존의 보조 생식 기술(ART)은 환자 개개인에 맞춘 치료를 제공하는 데 한계가 있었다.

최근 AI와 바이오인포매틱스 기술의 발전으로 이러한 한계를 극복할 가능성이 열리고 있다. AI는 다중 오믹스 데이터를 분석하여 난소 노화의 시기와 유전자 · 단백질 수준의 메커니즘을 정확히 파악할 수 있게 되었다. 이를 통해 노화로 변화하는 난소 상태를 추적하고 치료가 필요한 시점을 예측할 수 있다.

특히 줄기세포 치료와 AI의 결합은 난소 기능 회복에 새로운 가능성을 열고 있다. 중국 베이징대학교 연구진은 혈청 AMH 수치와 여성의 나이를 종합하여 난소 예비력을 평가하고, 향후 난소 예비력 감소 시점과 폐경 전 이행기를 예측하는 AI 모델(OvaRePred)을 개발했다. 동시에 난소 노화를 회복시키기 위해 유도 만능 줄기세포(iPSCs), 유전자 편집(CRISPR/Cas9), AI 알고리즘을 결합한 OvaResCells(ovarian rescue cells)이라 불리는 줄기세포 치료법을 연구 중이다(Wang et al., 2024).

줄기세포를 키우고 필요한 세포로 분화시키는 까다로운 과정에서 AI는 수많은 세포 중 가장 건강한 것을 골라내고, 세포가 잘 자라도록 환경을 조절한다. 여성마다 난소 노화의 진행 속도와 상태가 다르기 때문에, AI는 환자의 임상 데이터를 분석해 가장 적합한 치료 방법과 시기를 알려준다. 이를 통해 의사가 환자 맞춤형 치료 계획을 세우고, 줄기세포 치료를 시작할 최적의 시기를 결정할 수 있다. 이렇게 AI의 도움을 받아 만든 우수한 줄기세포를 난소에 이식하면 저하된 난소 기능을 회복시킬 수 있을 것으로 기대된다. 이 기술은 특히 조기 폐경이나 난소 기능 저하로 임신이 어려웠던 환자들에게 새로운 희망이 될 것이다.

최근에는 로봇과 AI를 결합해 시험관 아기 시술 전 과정을 자동화하는 시스템도 개발되고 있다. 로봇이 난자와 정자를 다루는 섬세한 작업을 수행하고, AI는 배아의 발달 과정을 영상으로 분석해 가장 건강한 배아를 선별한다. 자동화 장비가 실험실 환경을 일정하게 유지해 사람의 실수를 최소화한다(Mapari et al., 2024a). 이러한 완전 자동화 시스템이 실현되면 치료 비용이 크게 낮아지고, 현재는 대도시 대형 병원에서만 가능한 고급 시술을 중소 병원이나 지역 병원에서도 제공할 수 있게 될 것이다. 무엇보다 의료진의 경험에 의존하던 부분이 표준화되어, 어느 병원에서나 일정한 성공률을 보장받을 수 있을 것이다.

AI의 예측 능력도 빠르게 발전하고 있다. 과거에는 단순히 임신 가능성만 추정했지만, 이제는 훨씬 정교한 분석이 가능하다. AI는 산모의 나이, 호르몬 수치, 과거 진료 기록, 생활 습관 등을 종합해 임신 중 발생할 수 있는 문제나 출산 시기까지 예측할 수 있다. 일부 연구에서는 태아의 건강 위험 요인을 조기에 발견할 수 있는 가능성도 제시되고 있다(Mapari et al., 2024b).

디지털 트윈과 AI 에이전트가 만드는 케어 어시스턴트

디지털 트윈(Digital Twin) 기술도 활발히 연구되고 있다. 이 기술은 환자의 난소나 배아를 컴퓨터상에 똑같이 만들어 가상으로 실험하는 것이다. 예를 들어, 환자의 난포 크기와 상태를 가상으로 재현해 최적의 난자 채취 시기를 예측하거나, 개인별 난소 반응을 분석해 맞춤형 치료 계획을 세울 수 있다. 이 과정을 통해 각 환자에게 가장 적합한 치료법을 찾아내어 난임 치료의 정밀도와 안전성을 높이는 데 큰 도움을 준다(Vallée et al., 2025).

또한 디지털 트윈 기반 약물 연구 기술은 장, 간, 태반 같은 주요 장기를 연결한 모사 시스템을 통해 임신 중 약물의 흡수와 대사, 그리고 태아로의 전달 과정을 가상 환경에서 재현한다. 예를 들어, 프레드니손 같은 약물이 장에서 흡수되고 간에서 대사된 뒤 태반을 거쳐 태아에게 전달되는 과정을 시뮬레이션 함으로써, 약물 노출로 인한 성장 지연이나 안전성 문제를 임상 이전 단계에서 조기에 확인할 수 있다(Graf et al., 2025).

이러한 디지털 트윈 기술을 포함해 난임 분야의 다양

한 AI 기술들이 급속도로 발전하면서, 이들을 종합적으로 관리하고 활용할 수 있는 시스템의 필요성이 대두되고 있다. 바로 이 지점에서 AI 에이전트가 중요한 역할을 담당하게 된다.

AI 에이전트는 난임 진단과 치료 전 과정을 개인 맞춤형으로 자동화하고 연결하는 핵심 인프라로 자리 잡을 전망이다. 단순한 알고리즘을 넘어서, 지속적으로 데이터를 학습하며 여러 시스템과 사람 간의 상호작용을 통해 '디지털 동료'로 진화할 것이다. 이러한 AI 에이전트는 생리주기, 호르몬 수치, 초음파 소견, 과거 시술 이력, 유전 정보, 생활 습관 등을 종합해 난임 원인을 체계적으로 분석하고, 고위험 환자를 조기 선별해 상위 의료기관과 신속히 연계하는 역할을 수행한다.

난임과 체외 수정에 특화된 AI 에이전트는 각각의 기능을 가진 여러 에이전트들이 협력하는 구조로 발전할 것으로 보인다. 예를 들어, 프로토콜 및 용량 설계 에이전트는 환자의 나이, 난소 예비력, 이전 자극 반응 등을 바탕으로 최적의 약물 용량과 자극 시기를 추천하며, 경험 많은 생식 내분비 전문의의 처방 패턴을 학습해 안전성과 효율성을 높인다. 또한 배아, 정자, 난자 평가 에이전트는 영상 및 비침습 데이터 분석을 통해 각 배아의 착상 가능성을 수치화하고, AI 기반 정자 선택 기술은 그동안 어려움을 겪던 남성 난임 문제 해결에 기여할 수 있다. 예후 예측 및 상담 에이전트는 누적 성공률과 각종 데이터를 바탕으로 환자에게 맞춤형 치료 계획과 상담 시나리오를 제공한다.

더 나아가 AI 에이전트는 모바일 앱, 웨어러블, 가정용 호르몬 측정기와 연계되어 배란 추적을 넘어 난임 위험 신호를 조기에 감지하고 적절한 의료기관 방문 시기를 안내하는 '케어 어시스턴트'로 진화할 것이다. 체외수정 과정에서는 약 복용 알림, 부작용 모니터링, 24시간 질의응답, 심리적 지원 콘텐츠 제공 등 디지털 내비게이터 역할을 수행하며, 장기적으로는 임신 후 합병증과 조산 위험까지 예측해 산과, 내과, 정신건강 서비스와 연계하는 종합 난임케어 플랫폼으로 확장될 것이다.

앞으로 AI의 도움으로 치료 성과가 향상되고 과정이 간소화되면서, 난임에 대한 사회적 편견과 개인의 심리적 부담도 점차 줄어들 것이다. AI 기술은 난임 치료의 새로운 가능성을 열어가며, 보다 과학적이고 정밀한 개인 맞춤형 치료를 실현시키고 있다.

참고문헌

Graf, K. et al.(2025). Digital twin-enhanced three-organ microphysiological system for studying drug pharmacokinetics in pregnant women. *Frontiers in Pharmacology, 16*, 1528748.

Leitner, J. et al.(2024). The effect of an AI-based, autonomous, digital health intervention using precise lifestyle guidance on blood pressure in adults with hypertension: Single-arm nonrandomized trial. *JMIR Cardio, 8*, e51916.

Ma, B.-X. et al.(2025). Predictive ability of an objective and time-saving blastocyst scoring model on live birth. *Biomedicines, 13*(7), 1734.

Mapari, S. A. et al.(2024a). Revolutionizing reproduction: The impact of robotics and artificial intelligence (AI) in assisted reproductive technology: A comprehensive review. *Cureus, 16*(6), e63072.

Mapari, S. A. et al.(2024b). Revolutionizing maternal health: The role of artificial intelligence in enhancing care and accessibility. *Cureus, 16*(9), e69555.

Philips(2025). Future Health Index 2025: Building Trust in Healthcare AI. United States Report.

Rajendran, S. et al.(2024). Automatic ploidy prediction and quality assessment of human blastocysts using time-lapse imaging. *Nature Communications, 15*(1), 7756.

Vallée, A. et al.(2025). Digital twins in fertility, assisted reproductive technology and pregnancy: A systematic review. *Reproductive BioMedicine Online*. Advance online publication.

Wang, Y. et al.(2024). A promising clinical technique to rescue women's ovarian aging: Engineered stem cell-based therapy with the help of AI. *Protein & Cell, 16*(4), pp.233~238.

Zhan, J. et al.(2023). An artificial intelligence model for embryo selection in preimplantation DNA methylation screening in assisted reproductive technology. *Biophysics Reports, 9*(6), pp.352~361.

이준영

차 의과학대학교 헬스케어융합학부 조교수이자 차헬스케어 AI DX 본부장이다. 연세대학교 의과대학 의료기기산업학과에서 박사학위를 받았다. 2021년까지 정보통신산업진흥원 디지털헬스산업팀장으로 근무하며 클라우드 병원정보시스템, 닥터앤서, AI 응급의료, AI 기반 감염병 대응 등 의료 AI 분야의 다양한 국가 사업을 기획하고 총괄하였다. 이러한 공로를 인정받아 2019년 소프트웨어산업진흥과 2024년 의료기기산업발전 부문에서 대통령 표창을 수상하였고, 국가연구개발 우수성과 100선에도 선정되었다. 정보통신산업진흥원 퇴직 후 카카오헬스케어를 거쳐 현재는 난임과 여성건강 분야에 AI 기술을 접목한 펨테크(FemTech) 서비스 기획과 연구를 수행하고 있다.